让你的心
住在爱之中
住在宽恕之中

我宽恕你，拥抱你，温暖你，接纳你，爱着你，
融入我的爱，没有任何人能够伤害得了你，
因为我爱你，将痛苦与愤怒交给我，
我永远接纳你的痛苦与悲伤，
我永远接纳你的无助与恐惧，
你是被爱着的，我永远爱着你，
保护你，接纳你，温暖你。

序

人生的意义不在于"获得",因为所获得的必定将失去;人生意义是在于"宽恕"。

当想起不堪回首的往事,内心泛起波澜,请宽恕他。

当曾经的仇恨涌上心头,计较之心突起,请宽恕他。

当委屈愤懑的感受席卷,内心愤愤不平,请宽恕他。

被羞辱恐惧的记忆笼罩,心灵在焦躁中窒息,请宽恕他。

当被现实的痛苦所压迫，看到的只有绝望时，请宽恕他。
被信任与托付的人背叛，震惊愤怒与失望时，请宽恕他……

宽恕，将抚慰你疲倦恐惧的内心。
宽恕，会滋养灵魂那枯竭的荒漠。
唯有宽恕，可以还原爱。

人间有的无非就是恐惧，与恐惧减缓之后获得暂时安宁的幸福而已。人间的底色是恐惧，知道吧，因为人类的情感的最根本的源头，无非就是爱和恐惧，没有了恐惧，那种安宁的舒适，那就是爱的状态。

爱本身是纯洁光明，无限自由。

一切都会过去，无论是悲伤还是欢乐。
一切都会过去，无论是成功还是失败。
一切都会过去，无论是健康还是病患。
一切都只是暂时的现象，宽恕了现象，
你会在心灵极深处，见证到自由的光。

生死黑暗之中，灵魂只需要光明。
有了光明，就有了希望，就有了方向，就有了生命。
灵魂就有了终极答案，是生命唯一的答案。

目录

Part 01
家 庭

溺爱等于谋害	3
教育的核心，是全然的爱与支持	7
放下期许	11
婚姻之道：当荷尔蒙消退，余生是爱人，更是朋友	14
面对婚姻危机，如何有智慧地化解？	18
老人不变老：只因被儿女依赖和需要	22

Part 02
抑郁症

为何会得抑郁症	29
原因一：不被理解，我仿佛陷在远离人烟的孤岛	32
原因二：活着没有意义	44
原因三：我缺乏爱，也失去了爱他人的能力	60
抑郁症能被疗愈吗？	68

Part 03
爱与宽恕

能爱自己的人才有能力爱他人	75
宽恕宽恕,你到底需要宽恕谁?	76
爱之箴言:在不同表象之下,凝望那不变的爱	80
释怀:与世界和解,与自己言和	82
宽恕内心的"仇敌",生命的底色是爱	84
是爱还是欲?	92
一切苦难都是对爱的呼唤	96
真正的爱是无条件的承担与呵护	98
爱从未舍弃一人	100
遇事先行宽恕,再解决实际矛盾	104
宽恕的"是"与"不是"	108
真爱无相,爱即宽恕	112
学会这三句话	116

Part 4
生命不受责难

人为什么会傲慢	121
我，错了吗？	123
你是安全的：人生只是梦境，勿要自我谴责	126
一切都会过去的，如何轻装上阵？	130
其实，你真正想要的，只是不消失的爱与包容	132
有奉献的概念，就不是爱	136
勇敢面对，让心住在爱与宽恕中	140

Part 05
探求真相

双缝干涉实验的可怕结论：
宇宙与自我，竟是梦境！　　　　　　　147
眼见为实？其实，你的眼睛什么都没有看见　153
被遗忘的万古秘密：你不是这具身体　　　162
灵魂的未来，何去何从？　　　　　　　172
宽恕过往，用光明的心面对未来　　　　174
让真实的自己，从心灵影院中醒来　　　178
病，难道是潜意识定义出来的？　　　　180

Part **01** 家　庭

溺爱等于谋害

学生：下午女儿发了一篇文章给我，部分内容如下：

……我一直很听爸爸妈妈的话，买他们不喜欢的东西，我就会有很强烈的负罪感，觉得自己有违背道德和规矩，其实也没什么，不过对于从小就是听爸爸妈妈话的我来说是有很大的心理负担。

后来我还是坚持买了自己喜欢的东西，多亏姐妹的鼓励，哈哈哈，现在越看越喜欢，买的时候特别难受，心如刀绞。不是因为钱，是因为我没有听我爸的意见，我二十年一直都很听他们的选择，所以就感觉像是做了犯法的事一样，哈哈哈……

后来我想的是我想做一次我自己，就算后悔也没关系，我花自己的钱，买自己喜欢的，这又能怎么样？大不了以后觉得不好了，吃亏了，再听爸爸妈妈的就可以了，不要一直活在小时候的影子里，然后我就狠心买了，现在很开心，希望和我一样的姐妹能放宽心买自己想要的，只要不是触及原则的事，一定要遵从自己的心！宽恕那个觉得买东西不听爸妈就有负罪感的自己！真的很有效果，就暗示自己：这只是买个东西，只是眼光不同，买自己喜欢的就好！

老师：看你女儿的内心纠结，我可以推测出，你们做父母的，对孩子的爱，表现得太强迫太控制了，你的女儿长到20岁，没有得抑郁症，真是她的幸运；孩子要有自己独立的主见，独立的心灵，独立的思维，独立的信仰，父母无权去命令，最好也不要建议，任何建议都不要给，让她自己去摔跤，去碰壁，去伤痛，去流血，去体验失败与恐惧，当孩子的心灵，经历了足够的伤痛与现实磨砺，她自己就会形成自我保护的警觉，她的灵魂就会形成理智且坚强的抗压力，这个时候，父母就可以给予她，她需要的帮助，无论是精神上的，还是物质上的，你们无法代替孩子生活，你们都会离开孩子，她注定要一个人面对这个残酷的世界。

与其，让她作为一棵没有丝毫生存能力的幼苗，在你们离开她之后，独自一个人面对人心的邪恶黑暗，还不如，在你们活着的时候，在身边看着她，经受各种伤害。唯有经历过伤害的心灵，才可以让灵魂强壮、清醒、理性、健康，真正爱孩子的父母，绝不会因为自己的不安全感，而全身心溺爱孩子，将她的生存能力全面扼杀。

祝福你的女儿，希望她能独立自主，清白阳光地活着。

让你的心住在爱之中，住在宽恕之中

孩子，绝对不可以娇惯，娇惯纵容等同于杀害孩子。

教育的核心，是全然的爱与支持

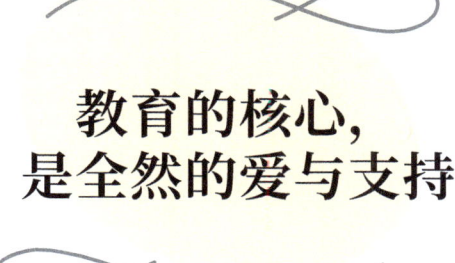

教育孩子就是一个底线，"黄赌毒"绝不可以碰，想都不能想，除此之外的任何事情，都随你所愿，你想去捡垃圾维持生活，支持你；你想去学习足疗，为人捏脚服务，支持你；你想要当街卖唱，支持你，并且去给你捧场；如果你有学习的渴望，能吃苦受累啃下书本，绝对砸锅卖铁供你上学，反正就一句话，你的人生自己做主！你自己选择的人生，自己去承担选择后的结果，不要怕失败，人生中失败才是正常的，成功都是罕见的，只要尽心尽力，付出的努力对得起自己的良心，你的人生就是满足的。

心原本是不变易的爱与温暖。

人都会老的，活到50岁开外，回头看看自己这一生，前半生的荣华富贵，众人瞩目，交口称赞，都是浮云掠过，真正能够留住的，属于自己的生命记忆，不过就是真心想做自己愿意做的事情，并且倾尽全力投入其中的生命过程，这段过程才属于自己，这段凭着真心全然付出的岁月，才是曾经活过的证据。

如果，为了获得社会价值，为了别人的眼光而活着的人生，那是属于别人的生活，你将自己的生命，活成了别人眼中的演员，为了其他人的羡慕、尊重、赞叹、赞美而活着，到了年老体弱的时候，你的演员形象被世界遗忘的时候，你会发觉自己一生活得很可怜，没有价值，很空虚，因为你从来没有凭借本心的意愿，为达成自己的心愿而真正燃烧过生命。

01 家庭／教育的核心，是全然的爱与支持那么在别人眼中你风光的一生，不过是行尸走肉而已。

教育孩子的核心，就是全然的爱与支持。何谓爱？理解，体谅，温暖，没有任何附加值；何谓支持？在她需要帮助的时候，无条件地付出自己的所有；但是绝不以权威的名义，强加给孩子任何意见与观念；靠着自己的心愿，吸收书籍知识，并且在生活中沉淀所学成为生命经验的孩子，骨子里会自信阳光，有分寸有见识，有胆量有魄力，父母要做的事情，只是为孩子铺垫一个永远都在的"保护垫"，在她从理想的高度掉落下来时，可以用温暖的爱，以及物质金钱支撑她，修复伤口，满血复活。爱孩子，就给予她安全感，与全部的自由。

放下期许

不要走极端,管教孩子是父母的责任,必须要做好,否则你就不配为人父母;我说的放手,是在培养孩子、管教孩子的基础之上,不要对孩子形成明确的"期许",也就是功利化,不要一定要求孩子考多少分,尽心尽力就好,不要强求孩子要上名校,不考上名校就如何如何,这种明确具体的,功利化的教育,会压抑孩子的灵魂形成抑郁症,等到孩子心灵生病的时候,你再痛哭流涕就悔之晚矣。

我身边的朋友,真实发生的案例:父母都是藤校的教授,孩子,从小到大学习成绩优异,后来考入哥伦比亚大学,藤校排名靠前的,入学后,因为长期的优异导致对自己要求得严格，内心无法接受，自己在全世界优秀孩子之中竞争失败的挫败感，自杀了。

作为父母，你面对这个结局会如何想？
你想要一个哈佛大学的儿女，但是会随时面临死亡；还是想要一个事业普通，但是性格阳光健康的孩子？

还有一个妈妈，事业成功，是（辉*）公司的高管，女儿也是一样优秀，成绩一直第一，游泳拿过州第一名，这是妥妥的上哈佛、耶鲁的节奏。
美国对亚洲女性非常照顾，对亚裔男性则很歧视，不知道什么原因，北美地区的白人，对亚裔女性普遍宽容而且善待，这个女孩子的条件，绝对是上哈佛、耶鲁、斯坦福的人，可是，因为长期的学习压力导致身体不适，患了抑郁症了，休学在家，天天想着自杀。

爸爸妈妈什么都不能干，每天陪着她。
你们的孩子或许普通，但是最起码，心灵没疾病吧？

你们是否亲身经历过,孩子生病的状态?感冒发烧,就可以让你一周时间寝食不安,熬夜疲倦;如果孩子患上了自闭症、抑郁症,想要自杀,想要自我毁灭,你平日里孜孜以求的,人间荣华富贵,对孩子未来的幸福生活憧憬,究竟有何意义?
给孩子一个温暖安全的家,给孩子一个永远不变的爱,给孩子一个永远的承担与退路,让他自己去,面对自己的人生,管教他但是不强迫他,讲道理,但绝不要训斥他;不要对他有任何具体的期许,任何人间目标,都需要孩子自己去制定,自己去实践,并且自己承担一切结果。

让孩子自己摔跤,疼几次后,他发现没有人可以替自己受伤,自己的痛苦并不能带给其他人痛苦,他自己就会本能地,远离经受痛苦的机会。
爱与规则,都是要有的。

婚姻之道：当荷尔蒙消退，余生是爱人，更是朋友

家庭，就是两个各有特点，有性格癖好棱角的灵魂，相互碰撞、相互融合的过程，在家庭的闭环中，彼此保持信任，以及不要触及对方的隐痛，是最基本的尊重。你无法去改变对方的心灵体验，那是生生世世形成的业障，对方也无法改变你的内涵，可是，双方可以找到共同喜欢的聚焦点，一起做让大家欢喜的事情，这是经营家庭的核心，求同存异，不要苛求对方全部接纳自己，也可以保留自己内心深处，一个独立的、自由的、私密的空间。两个人是要一起走完一生的，不要强求对方接受自己的观点与喜好，也要尊重对方的观点，哪怕不赞同，但是不要去强迫别人改变。当时间磨平了爱欲

的激情，荷尔蒙消退后，个人鲜明的性格与灵魂习气就会展露无遗，往后的余生，需要的更多的是理解、宽恕、接纳、体谅，以及信任的温暖。家庭不是讲道理的地方，是身心安全，休息灵魂的场所，爱人在家庭中的角色，更多的是朋友，以信任与体谅的温暖，接纳宽恕对方的缺点，对方才能在你这里，获得情感中的安慰，以及身心的放松与灵魂的愉悦。

01 家 庭／婚姻之道：当荷尔蒙消退，余生是爱人，更是朋友

让你的心住在爱之中,住在宽恕之中

宽恕对方、温暖对方，你就等于同时宽恕了自己，温暖了自己。

01 家　庭 / 婚姻之道：当荷尔蒙消退，余生是爱人，更是朋友

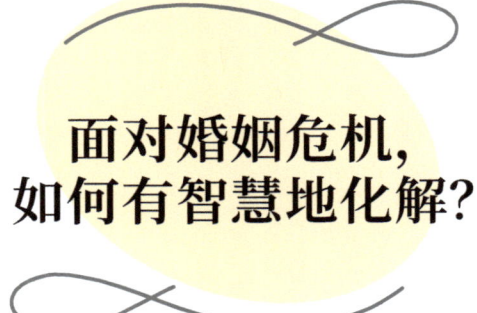

面对婚姻危机，如何有智慧地化解？

家庭的矛盾，其实最复杂，因为公说公有理，婆说婆有理，是非曲直难以明断；我提供一个处理家庭问题的方法：当事人自己，冷静思考一下，千万不要在气头上思考，而是等气消了，理性客观地，自己一个人做一个评断：你与此人在一起生活，幸福程度占据百分比的多少？只要超过百分之八十，那么这段婚姻就是完美的，你就不要再吹毛求疵，鸡蛋里挑骨头了；要是不满百分之八十，只有百分之六七十，那么，你换一个人过生活，也基本上可以达到这个心理预期值，那么，婚姻就是一个，可有可无的凑合状态，结婚与单身的差别不是很大。

如果，幸福程度少于百分之六十，那么，尽早分开，不要让生命浪费在无休止的痛苦之中，伤害自己也伤害对方。

冷静地作出分析后，自己就有了，决断未来生活的方向：要么继续过日子，要么，貌合神离凑合过日子，要么决定分开。

第一种，你们二人的幸福程度，能够达到百分之八十以上，那么你的家庭，就已经超过了地球上百分之九十多的家庭，你还有什么可以抱怨的？有什么事情是值得争吵的？既然你决定与此人共度一生，吵完后还得继续过日子，那么吵架的目的何在？

家庭是讲爱的地方，不是讲道理的地方，既然你们爱着彼此，宽恕对方的无理，又有何不可哪？

第二种，貌合神离，各过各的，更不应该吵架，因为彼此之间，是熟悉的陌生人，陌生人之间，需要的是尊重与边界感，相互尊重相互理解，和平相处，就好像街头遇到不讲理的流氓，忍一时风平浪静，退一步海阔天空，彼此相安无事，犯不上为了一点小事就吵架，你尚且不会与一个街头流氓讲道理，试图说服对方听从你的意见，又何必为难与自己同一个屋檐下的亲人哪？

第三种情况，更不应该吵架，都决定离婚了，以后的生活中，不再有彼此的身影，就好合好散，拿出你自己的素质，去宽恕对方，原谅对方，善待对方，最后客客气气，有礼貌地与对方诀别，大家从此开始新的人生，何必要兵戎相见，非要打得头破血流，以伤害对方为目的，结束这段姻缘。

要知道，现在你所咬牙切齿的人，是你曾经，热泪盈眶，海誓山盟，信誓旦旦，非嫁不可的人，是你曾经爱过的人，她/他，代表着你曾经的爱情，你逝去的青春，你原本的幻想，你曾经的期许与寄托。

伤害此刻的"他/她"，就，等同于背叛了你曾经的生命，何苦哪？

宽恕心中仇恨的对方，宽恕被仇恨监禁在内心的你自己，释放对方，给自己一个自由的未来，为曾经的爱人，送上祝福，送上祈祷。

不要与爱人吵架，不要通过伤害别人的方式，去满足内心的孤单与恐惧。

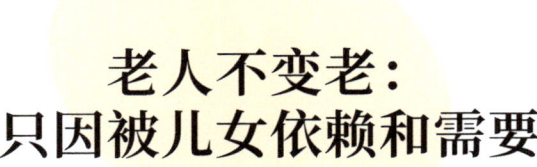

老人不变老：
只因被儿女依赖和需要

学生：我非常非常非常爱我的妈妈，爱到极致。但是我好像对我妈怼的次数也是最多的，而且越来越挑她的毛病。我总是对我妈说教，因为她这辈子太省钱了，总是不舍得为自己花一分一毫，但是对我却是那么地豪横，恨不得把全世界都给我，而我却无心去要她的全世界。我也想把全世界最好的一切都给我妈，所以我们之间的冲突由此而生。现在也只有她能让我生气，因为我太在乎她了，因为我太心疼她了，我总是想把最好的一切留给她，而她却拒绝我给予她的一切，她却要把她的一切都要给我。说白了，她就是心疼

我为她花的每一分钱。对自己，她在金钱上太会斤斤计较了，而给我买我爱吃的东西，多贵她都舍得买，眼睛都不带眨一下。（节选）

老师：不要试图去改变老人的生活习性，习性观念的改变，对于老人而言是一种痛苦；我虽出身高干家庭，可是父母的工资要资助爷爷与外公的家庭，所以从小生活并不富裕，前半生养成的生活习性，导致今日的我，依旧非常节俭，现在身上穿的外套还是20年前的，这种节俭的感受对于我而言反而是很安心的体验。
也不要拒绝老人对你的爱，他们给予你的付出，是他们索取爱的回报的一种方式，给予自己所爱之人幸福，是赐予爱的人最大的回馈。

因此在国内时，我一回家就从独立的男人变成了公子哥，饭来张口，衣来伸手，从不干活，就是一味地索取父母的爱，因为我看得到他们心思深处的动机。

父母对子女控制习惯了，他们习惯于强加自己的爱在孩子身上，为了让父母高兴，就扮演他们心目中需要被他们宠爱的孩子，永远依赖他们的孩子。

这样，父母就有了，被孩子依赖，被孩子需要的"价值体验"。

尤其是老年人，这一点心灵上的"价值体验"，对于人格人性的情感体验，极其重要！

因为被儿女需要，父母就会永远年轻。

让你的心住在爱之中，住在宽恕之中

核心，是真实与宽恕，宽恕体现在家庭，就是温暖的爱与包容。

01 家庭 ／ 老人不变老：只因被儿女依赖和需要

25

Part 02 抑郁症

为何会得抑郁症

抑郁症根本的原因有三个,有三条。第一条,是不被理解。就是"我的心思你不能理解,没有一个可以理解我的人,我没有一个可以倾诉的对象"。就是人的内心的孤独感、无助感、迷茫感,还有这种迷失自我的这种困惑感,它是无法去倾诉的。无法去倾诉,它就会累积,累积时间长了,它就会形成人格。

人格呢,因为他是诞生在这种迷茫无助的、孤单困惑的这么一种状态当中形成的人格,那么在这个人格上看世界的角度就会有负面的。这是第一点,内心不被人理解,没有一个有效的沟通渠道,这是造成抑郁症的第一个原因。

第二个原因,是缺乏意义感。"我活着没有意义",缺乏意义感。

抑郁症可不是只有穷人才会得啊,恰恰相反,穷人不容易得抑郁症。因为穷人忙于生计,疲于奔命,他没有充沛的精力和闲暇的时间让他去抑郁。他今天抑郁了,今天就没吃的;明天抑郁了,可能就要饿死了。那么在饿死的这个结果和抑郁这个心理状态当中的话,我相信他一定会选择不被饿死。

所以说穷人反倒不太容易得抑郁症,抑郁是需要时间的,是需要时间和空间沉淀的。穷人很难得抑郁症,得抑郁症的一般往往都是有钱有闲的人。

> 现在抑郁症患者这么多啊，最根本的原因就是，这个人的心识思量心在历史当中，对于黑暗的境界储存得太多了。所以抑郁症患者，你们看起来他表面跟正常人一模一样，但是他内心的真实体验却没有办法跟人沟通的，因为黑暗的体验是没有办法用语言说出来的。

第三个，就是这个人的心灵缺乏爱。不仅仅是别人爱你的感受，更重要的是这个人缺乏了去爱别人、爱世界的能力，这一点至关重要。

抑郁症就这三个条件：第一个，不被理解；第二个，没有意义；第三个，缺乏爱。

原因一：不被理解，
我仿佛陷在远离人烟的孤岛

什么叫"不被理解"？人类啊，人类所谓的互相理解，一定是理解人格。我理解你，你是一个什么样的人，你喜欢什么，不喜欢什么。你内心里面有什么样的困惑，你准备做什么，希望达到什么样的目的，你如何去做。在过程当中，我如何能够有效地帮助到你。人们所认为的理解，一定是建立在人格需求之上的理解。你今天不开心了，什么原因啊，对吧？你告诉我原因，我才能帮助你啊。

那么这种理解，它实际上是很难触及到抑郁症患者的根本的心理诉求的。因为抑郁症患者他之所以抑郁，之所以不被人理解，就是因为他渴望被人理解

的那部分东西,是人格和意识、人间的道德价值难以触及到的那种深层的心理的情愫。

那个东西他自己都很难去把它说出来,因为没有任何具体理由,你知道吗?没有任何具体的原因,没有任何具体的理由,没有任何具体的事情,没有任何具体的表现。这是抑郁症患者一个共同的心理的基底,他的心灵底色就是一种想要倾诉,想要理解,但是自己却没有办法将内心的渴望诉诸于具体语言的这么一种状态。

02 抑郁症／原因一:不被理解,我仿佛陷在远离人烟的孤岛人家把抑郁症称为"心灵感冒"。感冒它可能会有原因，但是感冒的状态你很难用语言去把它描述出来。你可以说"发冷发热，浑身打哆嗦，浑身不舒服"，你的这个"不舒服"它是概念，但是对方体验的不舒服，它就是感受啊。那个感受它不可能仅仅是"不舒服"这三个字就可以囊括的。

所以抑郁症患者的心灵底色，心灵基底，因为它是难以通过语言诉说出来的心理的一种情愫和一种情绪，他们把它称为"精神感冒"，或者是"心理感冒""心理疾病"。

这种疾病它是一种真实的状态，这种状态它不可能，或者说很难以概念和主观愿望的动机，去将它凝固抽象，并且把它提炼出来，诉说出来。这就是抑郁症患者不被人理解。

但是他跟别人正常沟通的时候，别人觉得他很正常，为什么呢？正常沟通的内容一定是建立在心灵动机和意识相续之间的。"你吃饭了没有？""我吃过了。""今天有工作，做得怎么样？""我完成了。""今天发了多少钱啊？""发了六千五。"OK，这都是你心灵的认知和意识的分别可以触及到的概念，和概念能够连带到的一个人格的一个心理情绪的状态。你可以通过语言和意识把它描述出来，表达出来。

但是在抑郁症患者心中还有另外一个自己，是藏在黑暗的角落当中的。他那个自己就很难用主观意识动机和意识分别的概念去触及他，去描述他。他会无缘无故地陷入一种远离人间的孤岛上的，你看到这个人在人群当中坐着、站着、笑着、说话着，可是他的内心却是被远远地隔离在远离人烟的孤岛上面。

他看起来跟人群挨得很近，只有几米的距离，但是他的内心却跟这个世界离得很远，似乎这个世界没有办法触及到他，他也永远没有力量去融入到人群当中去。这个就是人的一种为心的不被理解，而且他自己也没有办法去将他的这种状态诉说出来的一种困惑。

他就是永远处在那种绝望的、孤苦无依的、没有任何欢乐、没有任何光明的、孤岛的心灵孤寂当中,却没法跟人交流,这个是抑郁症患者觉得生不如死的最根本原因。并不是他外界缺什么了,他外界什么都不缺,但是他就是觉得绝望孤单,无人可以倾诉,无人可以理解,心灵照不到阳光,感受到的见到的全部都是绝望、黑暗、无助,还有迷茫,这就是抑郁症患者心灵的基本底色。而这种底色,听我的教法可以大大地缓解,甚至于彻底康复。

02
抑郁症 / 原因一:不被理解,我仿佛陷在远离人烟的孤岛抑郁症是一种非常可怕的"心理疾病"。它已经超出了"精神疾病"的范畴了，它是一种"心理疾病"。而心理这个层面，我们所说的精神就是我们的意识、我们的人格意志，这个就是我们所谓的精神。意识和人格意志就是我的主观愿望、我的心灵感受、我的人格情志，这个都属于精神体系。

而精神体系和我们的意识思维处在心灵层面的表层，是我们心灵境界的表层。在我们心灵境界的表层以下，还有心灵境界的中层，甚至于深层。

那么，抑郁症患者的心灵，他的表层是健康的，跟正常人一模一样。但是表层之下，支持表层的人格意愿和心理诉求的那些情感体验的因素，发生了变异。这种变异直接就会导致他没有办法跟这个社会交融，没有办法跟其他人交流。

他所能交流的仅仅是人类生命境界能够交流的部分：我的情感、意愿、动机，我的意识、思维、概念，我的主观意识意愿。这是可以交流的，但是超出于主观意识意愿的，内在的心灵的深层自我体验，却是他的人格意愿很难提炼出来的东西。

那个东西就好像是，我给你们举个例子，你们能明白。就好像是你的身体里面有了炎症了，它是一种病毒、细菌，炎症嘛。可是炎症的表现却有多种多样的，口腔发炎了，眼角膜发炎了，淋巴肿大了，然后是身体什么地方风湿了，什么地方局部肿痛了。炎症表现有很多种，千百种，但是炎症的原因只有一个，什么呢？就是你的自身免疫力降低了。

那么抑郁症患者心灵的基底，心灵的底色，就是他心灵的免疫力降低了，而被那些构成人格人性的微观的情愫、负面的情愫给制约住了。

这是第一条：不被理解，而且也没有办法被人理解。他没有办法诉说出来，别人怎么能理解呢？因为这种理解必须得是超出于人类生命境界之上的，才可能穿透人格人性的这层屏障，看到构成人格人性的因素的根本的真实的状态，你才可能去将他从炼狱当中救赎出来。

他被人理解了，他才能够去将自己内心的这种情愫诉说出来。他如果遇到一个不理解的人，比如说，跟他最信任的父母说"我最近觉得活得没有意思呀，我最近觉得就生活很空虚很无聊啊，我干什么没有兴趣呀，我觉得自己没有办法融入到这个世界，没有办法融入到学校，没有办法跟朋友交流自己的内心状态"。父母的概念就是什么呢？"无病呻吟啊，你这属于无病呻吟的状态，找打。把你饿上三天，你什么都好了。"给朋友去诉说的话，朋友就说是"你这闲着没事了，咱们去喝顿酒，吃一次烧烤就什么事都没有了，如果还不能解决的话，吃两次"。

人们只能解决你能表达出来的东西，你知道吧？人们没有办法解决你无法表达出来的那个内心极深层次的情愫构成的那种心灵的体验。

第一阶段构成抑郁症患者心灵基底的，就是心灵情愫当中负面的这种感受和感知力。因为它是负面的，所以说它在负面的这种内心情愫和感受当中形成的人格表现就变成了消极的、负面的，甚至于对这个社会是抗拒的。

这是抑郁症患者的第一条因素——不被理解。而且他自己也没有办法将自己的困惑表达出来，因为情愫是没有办法被意识所提炼的。意识只能提炼出来体验——"我体验到酸了，体验到疼了，体验到累了"，意识只能提炼体验，意识不能提炼情愫，你知道吗？

就是当我感受到，莫名其妙地感受到这个世界对于我失去了吸引力，我对这个世界没有任何兴趣的时候，意识只能知道发生的这种状态，但是他没有办法把它提炼出来——"为什么？什么样的原因形成的？"意识是没有办法触及到情愫深处的那个因素的。意识只能提取体验，他没有办法去提取心灵感受深层情愫的那个原因的。

所以意识对于抑郁症患者的"不被理解"和远离世界的孤独感，是没有办法去帮助他，没有办法触及他，没有办法缓解他，也没有办法给予他安慰的。所以抑郁症患者往往到后来的话都需要药物治疗，为什么呢？心理辅导师对你没有办法。

因为语言啊，人类的语言一定是意识和心灵动机的表现，而意识和心灵动机是没有办法触及到心灵动机深层的，心灵动机背后的那个构成心灵动机的情愫的因素的。

所以说心理辅导能起一定的作用,能在当下缓解一部分,但是它不可能除根的,不可能除根。所以到了后来的话,抑郁症患者都要服用大量的药物,抗抑郁的药物,试图通过改变人体内在的化学元素的这种成分,从而改变精神领域的状态。这种对于这个肌体的损坏是非常强烈的。

阳光升起的地方,就会有生命;
阳光升起的地方,就会失去恐惧;
阳光升起的地方,就会有温暖。

让你的心住在爱之中,住在宽恕之中

原因二：活着没有意义

抑郁症患者的第二个状态是什么呢？缺乏意义，"我活着没有意义"。这个就是基于第一种，就说是没有办法被人理解的，而且自己也没有办法去描述这种不被理解的状态的，形成了一种内心与世隔绝的孤寂和无助感的延续。它投射在人世间的人格意识上面，就是觉得"我自己活着没有意义"。不是没有价值啊，没有意义。

没有意义，你们明白这个概念吗？就是我做什么都是无足轻重的，我做什么，这件事情本身是可有可无的。无论我做好事还是坏事，这个世界对于我没有任何的看重。就是我所做的一切和我所存在的一

切，对于这个世界来说是像视如空气一样。就说我的存在本身是没有意义的，是无足轻重的，是被人忽视的，是被这个世界遗忘的。实际上这就是内心的那个不被理解的这种孤寂感，通过人格意识投射在人间的一种表现。

但是我今天跟你们说句话啊，抑郁症患者觉得他自己不被理解，觉得他自己活得毫无价值、没有任何意义，这件事情从究竟的生命实相来说的话，它是"真的"。他说的"我觉得我自己活得没有意义"，这件事情是真实的，这个不是他主观想法啊。

站在更高的高度来看人间，人间活着的每一个人都没有意义。因为意义这个东西，它一定是相对比而形成的价值。

你们明白吗？平常的话我没有工作，然后我在那个马路边看蚂蚁，在那跑来跑去的。然后别人会说这个人每天生活毫无意义，为什么呢？这个意义是通过别人创造价值而比较出来的。

但是如果这个人知道我的身份，是一个研究蚂蚁的世界顶级科学家，那么我去每天闲着没事干，趴在地上看蚂蚁这件事情，就有了重大的意义。你知道吗？"意义"这个概念一定是通过比较而来的，通过比较而形成了所谓的意义和价值。

这个抑郁症患者认为他自己活得没有意义啊，还不是通过跟别人比较而来，而是他内心的这种负面的生命情愫，投射在人格、心灵、意识之上的一种具体表达，一种具体状态。

但是这种状况在我来看的话，我认为是对的。我认为抑郁症患者认为"自己活得没有价值，没有意义"这件事情是对的。为什么呢？因为每一个生命的灵魂，每一个啊，我说的是每一个人间生命的根本的实相，都是纯光明。那个才是意义，那个才是价值。

因为人先天的灵魂啊，他是无尽的幸福，无尽的光明，无尽的富足和无限的喜悦。他是不会变易，不会改变的。他不与世界相对，而就不会被任何相对的事情所分别。这句话人类很难去理解，就好像是你的眼睛看到世界的那个清澈，他不会因为你看到的世界的景象的变化，而改变了这种清澈的性质。

地上每一个灵魂都是因为遗忘了生命先天永恒的完整幸福，而成为了现在的人格自我。你的人格自我在人格的自我体验当中，忘记了自己先天永恒不灭的幸福和庄严伟大的光明。人往往会错愕，人往往会困惑：我为什么到这个地方来，我活着的意义是什么？我突然间感觉到自己人生的存在没有任何意义和价值。这种感觉是对的，只是没有人指导你它为什么是对的。

唯有生命，可以唤醒生命。
唯有光明，可以驱散黑暗。

站在人世间这个层面，都认为你吃饱了撑的。站在我的角度，我认为这是你觉醒的契机。

抑郁症患者就是：第一个，内在不被人理解；第二个，觉得自己活得没有意义，人生没有价值。这两者恰恰是升起来渴望见证自身本来面目的那个基础。

我认为抑郁症患者，他这种心理疾病，对于一个灵魂来说，恰恰是他灵魂觉醒的一个绝佳的契机。因为你真的不是这具身体。

我觉得特别可惜，你知道么，我觉得去世的这一位女星特别可惜，我是可以救她的。她如果要是，真的要是能再等一等，等人将我的录音，将书籍送给她。她能够认认真真地听，大概她不需要很长时间，需要两三个月、三四个月，她的这些陷入绝症的，无力自拔的，只能躲在阴暗角落默默等死的，那个孱弱的灵魂，就会见到光明。

当灵魂见到了光明，她就会苏醒对于生命的记忆。当记忆开始复苏了之后，人间的这个自我就失去了存在的价值了。

刚开始你在抑郁症的时候，你是认为这个自我没有价值，而当你自己的生命开始苏醒了之后，你会发现这个没有价值的自我真的没有价值了。因为你真正的"你"是不可能被价值所衡量的，祂是无限的，祂是永恒的，祂是光明的，祂是幸福的，祂是不会被任何生灭来去的心意和形体所改变的，祂是不死的。

因为我认为抑郁症，在人世间患抑郁症的人是一个非常难得的生命觉醒的契机。换句话说，我认为人世间所活着的一切灵魂，都是处在这种死亡的迷茫黑暗当中，只是你自己不知道而已。

我真的不知道人间有何意义。你看啊，意义它一定是相对而产生的。假如说你的生命能活十万年，在地球上现在科技发达了，十万年，你今天做的一切都有价值，都有意义，每一步都有意义。为什么呢？因为你的生命，十万年的生命，未来九万九千九百多少年，未来还有这么长时间，每一段时间都有可能翻身的。你十万年的寿数足够你干很多事情的。你现在拥有的一切的财富、努力、工作、学历，都变成了你十万年生命当中的资本。你可以无限地扩大，无限地增长，你可以创造无限种人生，你可以体验无限种人生的不同的这种心理和情感、肉体的状态。这个还勉强能算得上意义。

十万年的人生，虽然你体会到的痛苦永远大于幸福，但是它毕竟有一个能让你体验痛苦和幸福的足够长的空间存在吧？可是你的寿命，人间的寿数，撑死也就一百年到头了。那我就实在是不知道一个八九十年、七八十年的那个寿数，你现在所谓的这一切，在很快，在转瞬之间，转眼之间，就会陷入分崩离析的死亡状态的这个所谓的事业，对于你的灵魂究竟有何意义。

就像是孩子在那个沙滩上堆的城堡一样，你把它当成玩具是可以的。你花四个小时堆了一个沙滩城堡，一会儿涨潮了，这个城堡就被冲掉了。你把它当成游戏是可以的，玩嘛，对吧？但是你要是把它当成住家，那就完蛋了。你要是想在沙滩上盖一个城堡住进去，把你的老婆孩子都带进来，那你就纯属是有病了。

沙滩上是没法盖房子的。所以说在人间去追求所谓的事业成功啊，家庭幸福啊，幸福安乐啊，和那个沙滩上的城堡性质是一模一样的——转瞬即逝。

沙滩城堡的寿命可能是四个小时，你的人生也就是七八十年，转瞬即逝。可是你的灵魂不会死啊，那个盖城堡的孩子，城堡摧毁了之后，他可以回家找他妈洗洗睡觉了。你呢，你这七八十年的人间的城堡／沙堡，被死亡的海水淹没了之后，你能去哪里？

所以说我认为那些抑郁症患者觉得人世间没有价值，没有意义，这件事情是对的。因为这本身就是生命的实相。但是他们只是缺了一样东西，他们不知道什么是真的，他们只知道现在活着的这一切是假的，但是他们不知道什么是真的。也就是说，当海水把沙滩上的城堡摧毁了之后，那个孩子不知道家在什么地方，那他就很凄惨了。

当死亡来临，带走你今生的身体、财富、情感、容颜，带走你的幸福和一切对于自我的体验了之后，你的灵魂将要去哪里？这是你不知道的事情，所以你就会陷入恐慌当中。

第二个抑郁症患者的状态就是活着没有意义。那是因为他不知道什么是真正的意义。真正的意义对于生命来讲，就是回归光明。因为光明比人间要真实，人间刹那不停变化着。

你的这具身体刹那不停地在走向死亡，八九十年之后，你就是地上的一具枯骨，或者说那个焚化炉里面的一捧骨灰。你现在的房子车子，妻子孩子，你的情人，你的银行存款，和那堆骨灰一点关系都没有。所以说现在的一切也和你一点关系都没有，因为你注定是那一捧骨灰。

这是我告诉了你人世间没有价值，没有意义，但是没有人告诉你人间的价值在哪里。人间的价值就是借助你有身体、有意识、有心灵体验的这个阶段，苏醒你生命当中被你的人格意识和心灵的心识掩盖了亿万年的那个光明，那个才是生命永恒不灭的，真实不变易的，永远幸福的实相。这才是人世间每一个灵魂应该觉醒的价值和意义，那就是回归光明。在活着的时候，就让自己光明的生命从身心自我当中苏醒过来，这是你活着的唯一的意义。

我的这个教法当中对于抑郁症的治疗是百分之一百的效果，但是需要时间。有的人可能很短，两三个月就能康复了。有些人患抑郁症的时间很长了，长达几年、十几年，那么他可能需要几年的时间，一两年的时间，三四年的时间才能康复。

但是有一个先决条件，就是你要换另外一种角度去看生命。你不能以你现在现有的人类的科学技术去看生命，而要以觉悟者的角度，以理性思辨的角度去看待生命。

在我的心中，在我的眼中，在我的智慧中，生命是不会死亡的。因为实际上你现在就没有活着，你现在的这个身体啊，你现在这个身体就是假的，就没有真正活着的。

我们这个身体是由细胞构成的，细胞以下有蛋白质，有核酸，有DNA，往下还有什么分子、原子，一直可以追查到夸克。夸克啊，在科学上面的话，就没有办法证明它的这个……就是现在还没有科学技术探测到夸克这种微粒，科学家只是通过对物质观察的这种表现，推测有一种宇宙微观的基础能量叫夸克。

夸克在五十万分之一秒就生灭一次，就一秒钟，它要生灭五十万次，一秒钟之间它是生灭五十万次。也就是说你和我的身体，我们的这个心识，我们的这个感受，我们的内在体验，我们人格自我的认知，我们的意识和记忆，在一秒钟之内就经历了五十万次的生与死。

是五十万次刹那生灭的紧密的生死相续，表现出来了我们的细胞的运行，我们的思维的运行，我们情感的体验，我们感受的相续。明白吗？你和我都是刹那之间生灭相续的因缘，表现在人世间的一个状态而已。就好像是用沙子构成的人，你去微观当中观察那个沙子里面没有任何一个人的形象，只是那个沙子形成了一个人的状态。但是你把这个状态去微观下观察，所谓的这个人的状态根本不存在的。

那么，对于抑郁症患者来说的话，你对于这个世界的认知，就要以智慧的角度去认知，而不要以你站在人世间学到的这些观念的角度去认知：觉得这个人就是父母生的，受精卵变成了胎儿，然后生下来，然后成长，然后死去。不要这么认知。

要改变抑郁症患者的一个基本的条件,就是要改变他的人生观,让他学会以智慧的角度去看待人生。因为人的心灵体验是跟着认知走的。就好像天空当中的云彩,是跟着风走的。

当一个人很渴的时候,他想喝水,你递给他一杯水,告诉他"里面有氰化钾,喝了必死",他虽然很渴,他也不敢喝,知道吧?这就是认知决定体验。如果你告诉他"这杯水虽然看起来很浑浊,但是里面都是高营养的这个物质,很好喝",虽然那杯水看起来很难喝,他也会把它喝进去,这个就是认知决定体验。

人格自我,具有"与众不同"、性格鲜明的、
区别于他人的性格特质。
可是,无论是怎样的自我性格,无论禀赋特质如何不同,
任何人的,自我人格的基在核心,都是"认知"。
认知,没有善恶对错的内涵;认知,无论认知善还是认知
恶,认知本身仅仅是"清醒"。

原因三：我缺乏爱，也失去了爱他人的能力

第三个，就说是缺乏爱，就是抑郁症患者的这个内在啊，缺乏爱自己和爱世界的能力。实际上被别人爱啊，对于个体生命来说的话，别人爱自己啊，你的体验感受是很小的，很少。因为这个爱和被爱之间有一个付出，有一个受体嘛，对吧？就是接受爱的这一方，实际上对于爱的那种体验，它并不深刻的。

因为爱一定是表现，明白吗？爱一定有表现的，我说出来"I love you，我爱你，你是我的生命"，我天天抱着你，亲吻你，我天天给你带好吃的，我舍不得穿，舍不得喝，我将我最心爱的东西送给你，这都是爱的表现。

爱一定有表现吧?这种表现一旦形成了具体的语言、形态、行为,就已经大大减缓了爱的纯度了。可是付出爱的那一方,对爱的体验是非常强烈的,甚至是百分之百的。因为付出爱的这一方的对爱的付出……一定一定啊,记住了爱的核心是什么东西呢?是无私的,有私的不能称为爱,有私的那个是一种交换,情感交换。

我看到一个女人很漂亮,我一心想跟她滚床单,然后我给她买了很多礼物,天天送鲜花,我的目的是为了睡她。你能说我的这种表现形式是爱吗?那个叫欲望,你知道吧?

相反,你的孩子,从你肚子里出来的孩子,你为他做的一切绝对没有索取,绝对不可能有索取。他大半夜蹬被子了,你就算再累再困,你也要闭着眼睛,摸那个毯子把它盖到他身上,那都是下意识、无意识的,那个叫爱,你知道吗?

爱的核心一定是无私的,爱的核心一定是无求的。无私无求的付出,那个叫爱。正因为是个无求无私的这种单纯的付出,付出的一方对于爱的这种体验会非常的深刻和强烈。

爱是生命本身的感动，爱是源自于生命本质的纯净，爱是生命本身拥有万物，可以接纳一切伤害的坦诚，爱是拥抱一切罪恶和敌对的温暖。

爱本身也是没有办法提炼的，就像抑郁症患者内在不被理解的孤独感、黑暗感是没有办法被提炼的一样，真正爱的那种力量也是没有办法被意识和语言提炼出来的。换句话说，只有爱可以抵御抑郁症患者内心那些负面的情愫。因为它们是同等空间的因素，都是意识和心识所无法触及、无法提炼、没有办法去改变的心灵情愫的境界。

02 抑郁症 ／ 原因三：我缺乏爱，也失去了爱他人的能力只有爱可以真正地救赎、改变、康复抑郁症患者的心灵负面阴暗的孤寂感、不被理解感、疏远感和没有意义感，只有爱可以。

那么这种爱，在人世间怎么表现呢？两种方法。第一个，被人所需要。

我跟你们讲啊，我很少听到有妈妈——带着孩子的母亲自杀的。有，有这样的情况，但是很少见。为什么呢？因为孩子需要你。因为你牵着的这个孩子，他需要你养活他，他的稚嫩的小手牵着你，牵着你的手，仰起头叫你"妈妈"的时候，你身上是有责任的。

哪怕你真的说是去捡垃圾呢，我说个不好听的话，当失足妇女了，我不认为一个人为了养自己的孩子，她做这些事情有多么地可耻，我真不这么认为。可能我这个人的人生观和道德观跟别人不太一样。我喜欢真实的东西，我特别讨厌这种道德君子。

二战的时候啊，二战的时候有一个真实的事情。好像是德国兵攻占了波兰，还是苏联，他们抓到了一个年轻的母亲，那个母亲还在……这个孩子可能刚几个月大。然后那个母亲为了她自己的这个孩子，不被这帮德国兵伤害，好像让二十多个德国兵蹂躏，但是这个母亲不反抗。最后结果好像这个母亲，因为这件事情就活下来了。那些德国兵虽然是禽兽，但是他们还是把她的这个孩子和这个母亲，让他们活命了。

这要放在中国古代，那就完了，这个女子的贞洁被破坏了，应该死无葬身之地的。我认为这种观念啊，这种观念才叫禽兽不如，你知道吗？他们连最基本的人性不尊重，就所谓的"存天理，灭人欲"。可是你们却不知道"存天理，灭人欲"的这个人，却跟他的儿媳妇苟合了，还让两个尼姑怀孕了。你们觉得可笑不可笑呢？

我们在人世间作为一个活着的人，我们遵纪守法是应该的。但是对基本的人性和人格的这种尊重，更应该。不要被这种所谓的道德观念而毁灭了做人最基本的良心和人格。

那个母亲为了自己的孩子不被杀害，情愿被那些禽兽们蹂躏。她为了保护自己孩子的生命做出的一切，我认为这个母亲非常伟大，你知道吧？我认为这个母亲非常伟大！太厉害了，这才是母亲啊！

我不相信这样的母亲，这种为了孩子可以去承受这种非人凌辱的母亲，她会患抑郁症，绝无可能，为什么呢？因为她内心的爱大过于对她自我存在的保护。一个爱别人超过爱自己的人是绝无可能患抑郁症的。

你们记住，一个内心爱别人超过爱自己的人，这辈子与抑郁症没有缘分的。抑郁症永远不会找到你的，因为爱是抑郁的克星，就像光是黑暗的克星一样。

抑郁症患者，如果仅仅是在人世间这种依靠人间的道德伦理和医学手段去治疗，仅仅能起到缓解的作用，去不了根的。但是如果说他要是能听能学，能在内心里面体验到什么是真正的爱、无私的爱，他的抑郁症可以不药而愈。

我从来不相信一个内心里面有爱的人，爱别人、爱社会、爱其他的人超过自己的人会得抑郁症，绝无可能性，连0.001的可能性都没有，绝无可能。一切患了抑郁症的人，都是因为内心失去了爱的能力。

抑郁症能被疗愈吗?

那么解决方法有两种。第一个,找到被人需要的价值和事情,被人需要。哪怕你去救助一下流浪猫、流浪狗呢。去救助啊,不是让你去养,你养的话我估摸你也养不起。因为流浪猫、流浪狗那个费用很庞大的。

既然你都不想活了么,对吧?那么你每天那些生活费你拿出来,每天比如说你这个买饭的钱三五十块钱,你拿出来四十块钱买份猫粮狗粮,去给那些流浪猫、流浪狗送过去。你都快死的人了,你怕什么呢?你都不想活的人了,你为什么不能拿出来你的钱,让别的动物活得更好一点呢,对不对?你连这

点肚量都没有吗?你都快死了欸,你都不想活了欸,你要那么多钱干嘛呀?去救助其他的生命,让你的卑微的存在活得稍微有那么一点点的光明。被别人所需要,是救助抑郁症患者的其中一种方法。

当你的心意去融入纯光,你内在的那种不由你控制的那种生命细胞当中的安宁感、纯洁感,那种兴奋感和喜悦感,就会不由而然地在你意识、体验、情绪,包括每一个细胞的觉受当中苏醒过来。

当你生命本具的光明,从你这具身体的细胞和意识,心灵的记忆当中苏醒过来的时候,你的抑郁症的自我的这些情愫,那些对于生命黑暗的记忆,他们就会自动消散了。这是第二种方法。

抑郁症是人的心识深处对于黑暗的记忆,形成了黑暗的屏障,而阻隔了心识和意识对于光明的记忆,他就会投射出来黑暗记忆当中,在人格当中的状态,那就是厌倦,毫无意义,失去爱,包括失去了生存的能力。

让你的心住在爱之中,住在宽恕之中

抑郁症患者到了后期呀，连呼吸都成困难的。这是我真真切切地体验过的，不是我有抑郁症，是我进入到抑郁症患者的，他们的心识的深处去。他们每呼吸一次就像是背负了千百斤的那个麻袋一样，很困难。为什么呢？他们的内在没有支持灵魂的光芒了，而灵魂就会被自己灵魂背负的累劫的细腻的习气和妄想，带入到黑暗的困境当中去，他们的活着的每一分钟每一刹那都是巨大的折磨和煎熬。

生命是一无所缺的。
黑暗不过是，心灵遮蔽了本来。

我跟你们说的是真实情况，你们不了解抑郁症患者的那种痛苦，我了解的。他们真的活的每一分钟每一秒钟都是在经受着巨大的煎熬，那是一种心灵上的绝望痛苦，连呼吸的每一次都是极度的艰难，极度的痛苦。所以他们选择自杀，以此了结这种绝望无尽的苦难。

那是因为他们遗忘了自己生命当中的圆满光明，而被生命对黑暗的记忆带入了这种绝望无助的深渊之中。所以我们要做的事情就是将纯光明向他展现，让他的灵魂能够透过他的意识人格看到他生命原本的样子。那么当他的生命本具的纯光自然绽放了之后，一切黑暗的记忆当下被消除，他就是一个健全的人格了。

一个抑郁症患者，无论你陷入抑郁症的时间有多长，境界有多绝望，状态有多痛苦，内在体验有多煎熬，你相信我，相信我，只要你听我的录音，只要你坚持地听完，你的灵魂将会焕然一新。

Part 03 爱与宽恕

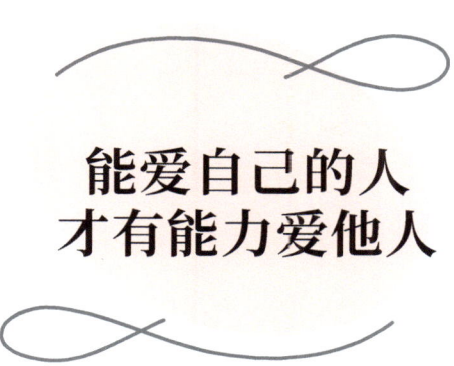

能爱自己的人
才有能力爱他人

学生：学生内心缺乏爱和温暖，请问老师，内心如何充满爱和温暖？

老师：去爱自己，宽恕自己，让你的心灵，在爱之中苏醒温暖与安宁，学习爱护自己，你才能去爱别人，爱是需要学习的，那就是体谅、理解、拥抱、温暖、宽恕、付出、接纳、柔软。

宽恕宽恕，
你到底需要宽恕谁？

宽恕，宽恕的是，内心愤愤不平的自我，这是你唯一宽恕的对象，外界真的没有任何需要你宽恕的对象，清醒地看着内心中，愤恨不平的"自己"，明确地告诉他："你不是我，我宽恕你，你不是我，我宽恕你……"

久而久之，我们深信的人格"自我"，就会逐渐淡化，透明，融解，消散。

宽恕的状态，是——沉默中的，不分别对错，只是一味地宽恕，宽恕，宽恕，直至这个愤恨的"自我"消散。

宽恕的正确标准，是——无作为，什么都不要去做，不要争辩，不要宣泄，不要解释，不要证明自己的清白，不要强调自己的正确，处于无为的安静沉默状态，这是最正确的宽恕标准。

你所宽恕的任何人都是你自己，你所宽恕的外界的任何仇人都在宽恕你内心对于这个人的分别。

让你的心住在爱之中，住在宽恕之中

03 **爱与宽恕** ／ 宽恕宽恕，你到底需要宽恕谁？

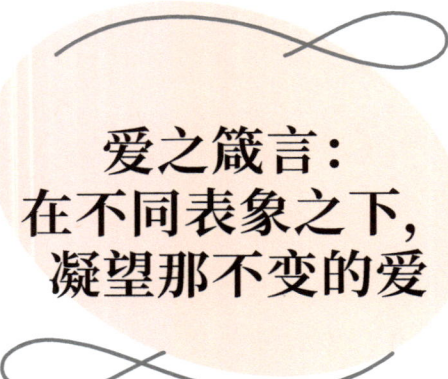

爱之箴言：在不同表象之下，凝望那不变的爱

你自己切身体验一下：你"爱"你的孩子，你"爱"你的父母，你"爱"你的情人，你"爱"你的宠物，你"爱"你的亲朋好友，虽然"爱"的对象不一样，可是，"爱"的性质，却一模一样，虽然"爱"之中的内涵因素，因为所爱的对象不同，而有所差异，你"爱"父母，爱的内涵是依赖与安全，你"爱"情人，爱的内涵是激情与拥有，你"爱"朋友，爱的内涵是，信任与托付。

不论"爱"的内涵有何不同，爱的性质一定是统一的。

要记得把内心正面的一些想法和动机要说出来，比如说"让我来帮助你，非常感谢你"，像这种正面的话，要经常说，它可以将你内心的这种胆怯和这种阴影消散很大一部分。

爱的性质是信任，安全，无私，付出，快乐与安宁的分享，是没有私心杂念的承担，是无条件的拥抱，是发自内心温暖纯洁的接纳。

爱的性质，绝不会因为爱的内涵，而改变。

释怀：与世界和解，与自己言和

宽恕你眼前看到的一切。
宽恕你意识理解的概念。
宽恕你心愿企图的动机。

没有人，对你作出过什么。
你的记忆，只是错觉。

你自己，也从未做任何事。
自我认知，是在梦里。

寂静安宁中，释怀宽恕了，活在世界中的你自己。

让你的心住在爱之中，住在宽恕之中

灵会发觉,真实的你,未曾被"自己"活在世界中。

生命的你,未曾被你的"自己",带入生死梦境中。

生命的原本,是"临在"于过去与未来,每一瞬间的"当下"。

03 爱与宽恕 / 释怀:与世界和解,与自己言和

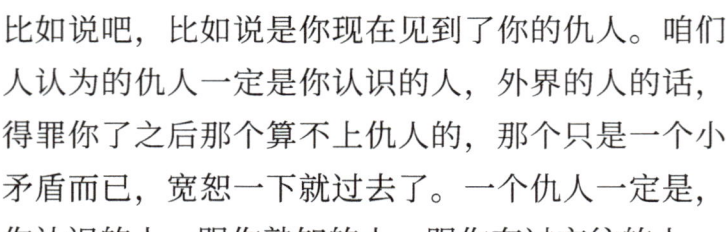

宽恕内心的"仇敌"，生命的底色是爱

比如说吧，比如说是你现在见到了你的仇人。咱们人认为的仇人一定是你认识的人，外界的人的话，得罪你了之后那个算不上仇人的，那个只是一个小矛盾而已，宽恕一下就过去了。一个仇人一定是，你认识的人，跟你熟知的人，跟你有过交往的人。

你想起他的时候，哪怕他不在你身边，你内心都会愤愤不平，升起来这种愤怒、咬牙切齿的这种体验，耿耿于怀，愤愤不平。这个时候，你一定要找到，你内心对他愤愤不平那个背后的动机——为什么，你为什么要对这个人愤恨？你会列出一大堆理由来，他蛮横不讲理，他自私，他恶毒。

记住了啊,这个时候就是你践行宽恕的时候。外界这个人并不存在,他现在不在你眼前,你现在存在的,只是你内心对他的记忆,记忆背后一定有认知,认知背后一定有企图,没有企图的话,认知是不会形成的。这个背后的企图是什么东西呢?这个认知背后的企图啊,一定一定一定,是对你认知自我的维护。

因为他无理,他伤害了我的自尊;因为他贪婪,他伤害了我的利益;因为他恶毒,他伤害了我的道德价值观;因为他的无耻和凶残,他伤害了我的人格的,所确认的这个人生态度的这种价值。所以说,他才在我心目当中，形成了一个恶毒、自私、无耻、凶残的一个具体的人的相貌。而这个相貌实际上是，我的人格所投射出来的一个对比的记忆。

如果我的人格里面，没有对于道德观的记忆，我不知道他是否无耻。我的人格里面如果没有一个对自我维护的恐惧，我不知道他的言行，他的这种目的是伤害我的。因为我没有自我概念的时候，我不知道任何人的行为是针对我的，你知道吗？

我手里面拿了个冰淇淋，我想去吃它，我才会意识到，过来这个人，是不是想要抢我手里面的冰淇淋，你知道吗？如果我的手是空的，什么都没有拿，对面来的人的话，我是不知道他要干什么的。

你们能明白这个意思吗？就说是我心底里面的敌人，一定是我心识对自我维护而投射出来的一个对境而已。如果我内心里面，没有对自我利益价值和自我感受的维护，外界就没有一个伤害得了我的人，也没有一个对于伤害我这个人的刻骨的记忆。

所以说我应该宽恕的，是我内心对这个伤害我的人的认知。换句话说，你要宽恕你自己，宽恕被这个人所恐吓的、伤害的，你的痛苦的情感，并且将你的内心的这种痛苦啊，将他交付于无私的爱。他是属于无私的爱，他是安全的，没有人能够夺得走你真正的生命，人们夺走的，只是在幻境空间当中，前缘后续，在今生兑现的一个境界而已。

你们所见的一切都是境界，所感受的一切，所体验的一切，都是你的思量心和习气形成的境界而已。因为有境界，才会有境界当中，固守境界的自我，因为有自我，才会有一个试图伤害你的仇敌。

所以一定要在这个境界升起来的时候，去返观内视你维护自我的那个恐惧感，并且将他拥入怀中。"光明爱你，你是被光明爱着的，你是安全的，大光明爱着你"，反复给自己说这句话。然后给自己内心里面，试图伤害你，而且已经被他伤害得伤痕累累的自己说："我宽恕你，我宽恕你，宽恕你……"

这时候，你如果你真的没有力量，去宽恕你内心里面那个仇敌，你先宽恕那个被他伤害的你自己，去拥抱他，呵护他，体谅他，温暖他，去爱着他，去将你伤痕累累、胆怯的那个自己，拥抱在你的信念当中。你的信念当中有纯粹的光，那个纯粹的光是纯生命的主人，祂是无限的光明、无尽的爱，祂是永恒的温暖，和永垂不朽、未曾改变的生命。祂永远无偿地爱着你——祂过去爱着你，现在爱着你，未来依旧爱着你。在祂的爱中，你是安全的。祂对你的爱是无条件的，没有分别、没有差异的接纳。

你和爱是一体的，先去爱你自己，让你的爱，让纯生命的爱，让那个光明无尽的温暖，去呵护你内在被别人伤害的心。将你内在被别人伤害得伤痕累累的恐惧的那个心，那个紧缩的、痛苦的、恐惧的那个心，放在无穷无尽的光明的、纯净的爱当中。

那个爱，才是你真正的归属；那个爱，才是你生命的本来；那个爱，是光明对于你无条件的接纳，无穷尽的呵护与拥抱。让你的心在光明的温暖和光明的爱中休息。直到你的心灵在爱的温暖当中，在绝对的安全的温柔当中，苏醒了那健康和纯净的笑容的时候，你就有力量去宽恕，你内在对那个仇敌的记忆了。然后你对他说"我宽恕你，我原谅你"，说一万遍。

这个方法我是用过的啊！这个方法我是用过的，我可不是在这地方给你们胡说八道的，在这信口开河的。这个方法我用过不止一次，每一次都是我面临绝境的时候，都是那种痛苦，足以让我去摧毁我整个身心意识，足以摧毁我的人生的时候，我用过的。

让你的心住在爱之中，住在宽恕之中

让面对恐惧的心，在拥抱恐惧的同时，也就在拥抱的温暖中，舒缓了被恐惧绑架的自我心意。

不止一次，每一次我都从我心灵的根本，从我灵魂的根本上，宽恕了那个伤害我的人，同时也就释怀了那个被伤害的我自己。我就以纯光明的温暖和永恒的纯洁，面对外界的一些矛盾了。

我，真的是可以将杀害我的敌人，拥抱在我怀里面，像是搂着我自己的孩子一样。我，对于我今天说的这句话负责任，我说到做到，我心中没有仇恨的。这是我用过的方法，所以我才能告诉你们。

宽恕的力量是巨大的，因为宽恕背后，牵连着纯光明；宽恕背后，携带着光明主宰的祝福与呵护。

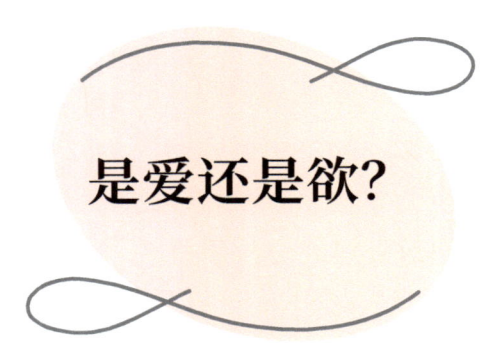

是爱还是欲？

爱，他不是一种表现，爱是一种状态。那么我跟你们说一个感受啊，你们每一个人，对人生，对自我，对自我所经历的人生都是有体验的，都是有体验的记忆的。你们有没有感受过呀，就说是你去爱一个人的时候，那种心里面升起来的那种幸福甜蜜，那种轻盈的、纯洁的感受。

这种感受的话，你去爱你孩子的时候，会有。你抱着你新生的女儿和儿子的时候，内心里面泛起来那种无条件地为他付出，去承担他的一切，那种心愿，那种心愿里面没有爱情的那种波动，但是他却是更深邃的，发自于你灵魂和生命本质的一种接纳。

还有你去爱你的父母,或者想去报答你恩人的时候那种爱,你心存感激,心存无条件地去为他付出,为他赴汤蹈火,为他肝脑涂地,粉身碎骨,在所不惜,没有怨言的那种愿望,这个也是爱。

还有另外一种爱,这种爱就是在你们人生当中,或多或少,都是你有意识或者无意识当中,曾经经历过的体验,就是无偿地帮助别人。

这个人你不认识,你看一个人摔倒了,然后他身上的这个,拿的这个蔬菜啊,滚落了一地,旁边都车水马龙,很危险。你奋不顾身地跑上去,你不顾及自己的安危，跑上去把他扶起来，并且帮他把地上的东西捡起来，帮他把衣服上的土打干净，然后把他搀扶到路边坐下。

这个时候你内心里面，没有想过自己会被他讹上，自己会被车撞了，自己会不会有生命危险。你只是想一心一意地，单纯地想帮助这个人脱离困境，帮他解决危险，但是却不求任何回报，没有任何自我保护的，这种下意识、无意识的举动，这个也是爱。

这种爱给你带来的，他不是情感的波动，这种爱给你带来的，你们自己仔仔细细去回忆，在你无条件无偿地去帮助别人，却没有任何索取，没有任何自我保护的那种状态的时候，你的内在，会有一种很欣喜的、很欣慰的安宁感，一种喜悦感。记住了，这种安宁和喜悦感，那是你灵魂的爱。

灵魂的爱，就是一个无所求的，没有自我保护的付出。爱的本质、爱的核心一定是无私，有私的谈不上爱的。

今天我看到一个姑娘很漂亮，丰乳肥臀，长得一米七几的个头，皮肤白嫩得跟那个鸡蛋清一样，长得真是羞花闭月的。看了之后，人就恨不得想要升起犯罪的冲动来，你爱她爱得死去活来的，每天晚上，每天每天睡不着觉，安眠药一把一把地吃，都止不住对她的思念。那个不是爱，那个叫欲望。

当有一天呢，你看到这个女孩，跟另外一个男人在一起的时候，你心生妒恨，由爱生恨，恨不得把这个姑娘毁容了，恨不得把追求那个姑娘的那个男人给宰掉。这个不是爱，这个是人格的欲望。

真正的爱是不看名相的，真正的爱是脱离了名相的，真正的爱是源自于灵魂的无私，来自于那种无私的纯洁。

一切苦难都是对爱的呼唤

遗忘了爱的心灵，恐惧投射出痛苦与疾病。

人类的所有苦难，归根结底是遗忘了爱。

充满爱的心灵，即便穷困潦倒，内在依旧幸福满满。

只要内心拥有幸福，外界额外的财富有何意义？

因为爱，是生命原本的性质，没有任何生命状态，可以改变生命性质，或许，由于累世的因缘，我们在现实生活中遭遇痛苦，身体罹患重病，只要唤醒了心灵埋藏的爱，导致疾病的因素，在爱之中必定会缓解，甚至于消失，肉体中的一切苦难，都是心灵匮乏，对爱的呼唤。

> 一颗充满爱与温暖的心，动机中无私坦荡，是真正的纯洁。纯洁，不是狭隘的心灵体验。纯洁，是纯光明的性质，以人心分别呈现无私大爱。

唤醒爱，实践爱，付出爱，生命会脱胎换骨。这绝非自我催眠，而是超越了人间文明的高层智慧。

03
爱与宽恕／一切苦难都是对爱的呼唤

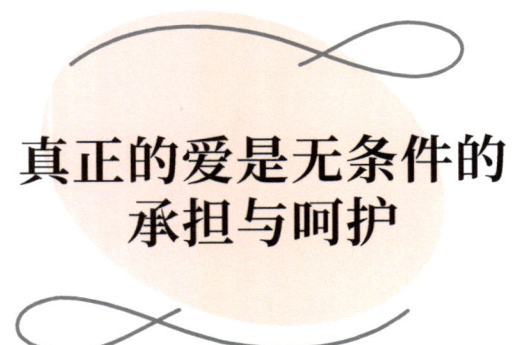

真正的爱是无条件的
承担与呵护

我再用另外一种体验给你们讲,就像是一个母亲抱着自己孩子的时候啊,就是那种愿意去为孩子,付出自己生命的那种无限的爱。这个是站在人的,站在人类的感情的角度来说,是吧?就是妈妈有了新生儿,宝宝才满月,长得白白胖胖的,你抱着他给他喂奶的时候,你不会觉得你在喂自己的孩子,你会觉得你在哺育自己的生命,你知道吗?

然后呢,这种爱,你推广到去爱你身边你姐的孩子,你对你姐的孩子,和对你自己怀中的孩子感受一样的那种爱——无限地付出、无限地承担,完全没有自己的那种,对生命的这种呵护和付出。

现在再继续推广,把这种爱推广到其他的人,推广到你见过的每一个人和你没见过的每一件事儿。然后推广到你这个爱,面对地上的蚂蚁,推广到你这个爱,在失去了爱的对境和爱本身的主观能动性的时候,那个爱背后的接纳,接纳这种痛苦境界,却不被痛苦境界所改变、所触及的,是当下的清澈。

爱,在心识分别当中体现出来,就是无私。就是无私到极致,那就是爱。爱不是有表现的,爱是没有表现的,有表现的都不叫爱,知道吧?有表现的都不叫爱了,爱是没有表现的。

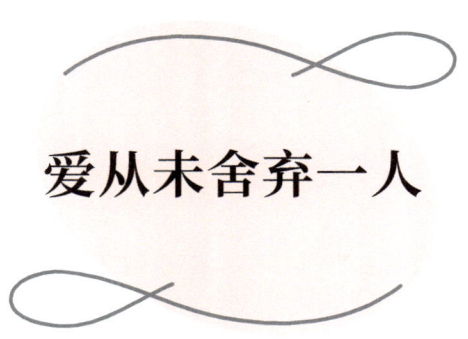

爱从未舍弃一人

烦恼一定是缘起于恐惧感。这个恐惧感不是你遇到什么东西让你害怕了，不是，而是你迷失了生命原本的光明的那种焦虑与恐惧感。

这种恐惧感只有宽恕可以释怀，可以融化，这种恐惧感只有爱，就是没有任何分别的这种接纳与没有任何对境的爱。就说是你爱伤害你的人，也爱对你好的人，你的爱本身不会因为别人对你的态度而发生改变。就像是有人攻击我了，我很难过，那么接着我以生命原本的这种光明去宽恕这个难过的我自己，当这个难过的我自己彻底得到了这种爱和温暖的释怀之后，这个恐惧的我，这个难过的我熄灭

了,那么我就是爱本身了。那么这个爱的这个我,生命原本的这个我,面对伤害我的这个人怎么办呢?我依旧爱他,只不过在爱的眼光当中,这个伤害我的人,他是属于一个病人,他生病了,需要治病,你知道吗?我对他的一切的这种作为,只是我在疗愈他的方法,并没有任何的仇恨和报复心理,全部是源于爱的动机和爱的目的,过程当中可能会有人类的这个不同表现的行为,但是整个的性质是一个爱去疗愈病人的性质。这就是"爱从未离舍一人""爱不会被对境所改变"的真实的含义。

让你的心住在爱之中，住在宽恕之中

恐惧的本身就是对爱的排斥，对爱的不信任，对爱的疑虑才会有了恐惧。

03 爱与宽恕 ／ 爱从未舍弃一人

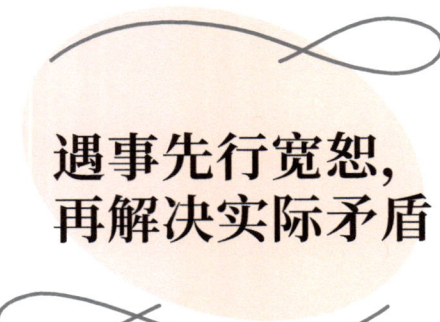

遇事先行宽恕，再解决实际矛盾

学生：我喜欢把老师这段话，原样粘贴在这里，因为好有感触。老师提到了凡事的第一原则是"宽恕"，但也可以心平气和地，有理有据地"该干嘛干嘛"。但，"做了就不挂碍了"。

这看似简单，实则是很高的要求。只是我们每个人会选择性地，看到自己想看到的部分，然后去"践行"。

有的朋友，会重点看到"可以该干嘛干嘛"。所以高举"真实"之名，自欺不欺人，实则各种"不真

实"的宣泄。

有的朋友，会看不到"做了就不挂碍了"，头一天晚上气宇轩昂地豪横一通，过后又是忏悔，又是恐惧，又是焦虑不安——老师、同学们会不会因为自己的豪横不喜欢自己？

有的人，比如我，永远看不到"心平气和"，或者说，看到了也没看到，看到不平、不公，怒发冲冠，揭竿而起，常常为了打个虾兵蟹将，却用尽排山倒海的嗔怒，恨不得金箍棒搅浑东海汪洋，不管不顾。

其实，我们都没有看到最重要的，"第一反应是宽恕"。（节选）

老师：宽恕，是唯一正确的心灵标准；达到了宽恕的温暖与接纳，就可以自然而然地忘记此事；如果此事，在你可以心安理得地遗忘的时候，你就可以，依据此事对别人的重要，对社会的重要，对未来的重要程度，决定是否还要去继续操作以后的过程。

比如说，有人骂了你，你第一反应是宽恕，宽恕后，你不记恨他，可以忽视此人此事，那么就让他过去吧。

如果，你宽恕了他，但是他对你的误会，会影响以后的合作共事，那么，就心平气和地聊一聊；如果是有人挑拨离间，为了避免团体间的罅隙分裂，你可以拉着此人一起去找造谣者，当面对质说明情况。

一句话，要宽恕别人对你的伤害。

如果此事关系到更大的社会层面,就秉持一颗无私清白、公正坦荡的心去处理,无论结局怎样都无关紧要,因为,你的无私公正,是在做着一件正确的事情。

何为正确?
利益他人,维护社会,维护正义。

正义它会带给你安全感、阳光,它会赋予你对自身价值的肯定。

宽恕的"是"与"不是"

学生：有一句话叫作"物极必反"，这句话在我这边真是应验了。

婆家人和老公想要在我这里，无尽地索取和要求。

终于是触犯了我的最后一丝底线。现在逼得我不得不跟这家人斤斤计较了。

我们为什么要对别人宽容？因为这是我们生命本来的面目。但是为什么又要偶尔计较？这是在告诉别人，其实我们不傻。前者是我们本来的面目，后者是我们的底线。我们有不伤害别人的教养，但这并不能成为别人伤害我们的理由。

生气的那一刻挺激动的,内心愤愤不平。过后告诉自己,"你不是我,我接纳你,我宽恕你",最后一切都归于平静。感觉生气,愤愤不平,据理力争都是那么的理所当然。

老师:你,你,你太了不起了!士别三日,当刮目相看!堂堂正正做人,真真实实做人,不伪装也不窝囊!我们践行宽恕的前提,就是真实地面对自己的内心,内心作出的选择,一定是自己遵从究竟的纯净标准,而绝不可以是,被其他人的道德绑架!如果我是你,就把话公开说得明明白白:我给你钱,是我愿意帮助你,并不是我亏欠了你们什么,而必须要无偿地为你们付出，我不是你们的奴隶！我是自由而崇高的灵魂，我可以给你钱，但是你要明白，这些钱并不属于你，而是我赐予你们的，同时，我也可以不给你们钱，这是我的自由。

绝不可以让这些不知道感恩的人，将我的学生当成奴隶一样榨干精力心血。我们堂堂正正地做人处事，正大光明地生活，绝不委屈自己；在委曲求全的心态中，绝对不会诞生真实的宽恕心，宽恕心的前提，是对自我心灵动机的明确掌握：也就是，我想要什么？我决定宽恕你，是我的选择，而绝不可以，是为了满足你的意愿而去委屈我的心愿，如果自己的心愿被人情扭曲，那么，你今生永远也见不到自己的真心意图，见不到自己的真心意图，你就永远不可能真实选择。

看到你的改变，我内心一万个赞！！！

宽恕，一定是动机深处，对于自我维护的割舍；宽恕，绝不是人类情感的委曲求全，绝不是低三下四，绝不是任人欺诈侮辱；宽恕，是知道别人在欺诈你侮辱你，而且有勇气有胆量对他人说"不"，在有能力有胆量说"不"的基础上，你对于自我维护的割舍，才谈得上是践行宽恕。

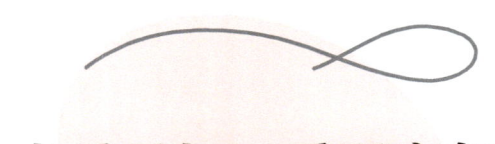

真爱无相,爱即宽恕

"宽恕"它不是概念你知道吗,宽恕是一种内心的体验。而爱呢,更是一种超越了体验的深层次的觉受。

爱,并不是"我爱你,你爱我""你长得丑我就不爱你了""你今天有钱了我爱你,你没钱了就滚一边去,我才不爱你呢",这个不叫爱,那个叫人心分别的执着妄想。爱,是你,无论是你健康还是疾病,无论是你是富贵还是贫穷,无论是你是青春美貌还是年老色衰,我内在对你的爱永远不会改变。我内在对你的爱不会因为你青春美貌而升起,也不会因为你年老色衰而衰减。因为爱,就是我的面目。

真正的爱是没有对相的。就像是，我是一个男人，我不会因为我见到你是女人我变成女人，我见到一个小孩我变成小孩儿了。我就是个男人，我是以男人身见你的，你是男是女，是小孩儿，是老人，跟我没关系的。爱也是一样。爱的本质，就是纯洁、安宁、温暖、轻盈；爱的体验就是无私；爱的表现呢，就是宽恕。

当你是爱的本身的时候，没有任何现象可以带动你，没有任何执着可以触及你。相反，任何执着和构成执着的，无尽世界的那些善缘逆缘，都会在宽恕当中被生命本来的光明所救赎。

让你的心住在爱之中，住在宽恕之中

纯爱是没有分别的，是生命先天性的纯洁无瑕。
纯爱是没有对立的，一切众生的生命本质都是不可分的爱。

03 爱与宽恕 / 真爱无相，爱即宽恕

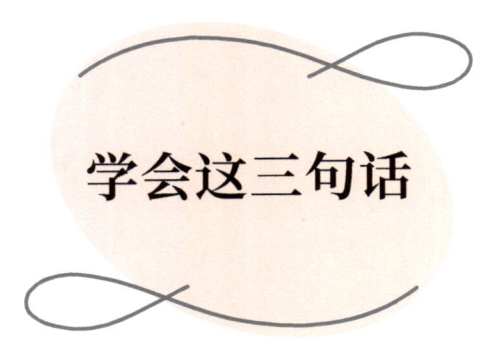

学会这三句话

人临终前,意识处于涣散状态。
内心储存的情绪体验,失去了意识概念的制约力。
所有潜藏在内心体验中的感受,都会喷涌而出,如同狂风席卷落叶一般,刺激到你的心灵感受。

你的残留意识根本无力,去阻止内心感受的泛滥成灾。
你今生起心动念,形成的每一丝体验,此刻都如同狂风裹挟着雪花,击打在你的内心感受之中。

只要你的内心依旧储存着愤怒、仇恨、敌视、妒忌、邪恶、血腥的念头。

这些念头,无一例外都连带着,动机下面的体验。体验随念头的泛滥,席卷而来狂风暴雨般的感受。你的灵魂,就会被狂风暴雨的负面感受,带入暗无天日的地狱之中。

这是真真切切、确确实实的生命真相,无人可以逃避,因为你此刻的意识,已经不属于你自己。

你的意识无法掌控内心的体验,而此刻你的体验泛起的感受,就会随着今生的心灵境界,塑造出你灵魂所感受到的,无比清晰具体真实的"世界"。

如果内心体验,对仇恨、恶毒、凶残、歹毒、邪恶、愤怒、贪婪、妒忌的动机无法释怀。

如果内心依旧存留着，由自我人格造就的，自私自利、阴暗冷酷的仇恨动机。
你的灵魂，必定以及肯定，会随着心灵动机中储存的体验，进入新的感受境界之中，备受煎熬。

对宽恕的践行，是唯一的正途。
学会这三句话：宽恕你，祝福你，我爱你。

爱，不可能被仇恨所伤害。
祝福，不可能被诅咒所伤害。
宽恕，不可能被仇恨所伤害。

因为，爱，祝福，与宽恕，是本来面目的生命。
因为爱，祝福，与宽恕，是生命化的本来面目。

记得这三句话：
宽恕你，祝福你，我爱你。

践行这三句话，我的祝福永远伴随着你。
爱未曾改变，也永不改变。

Part 04 生命不受责难

人为什么会傲慢

学生：从看老师文章开始，明白人之所以痛苦，是因为执着啊！我知道自己执着傲慢很深重。平时发现的都是小习气，真正笼罩着我的是这个执着和傲慢！

老师：执着的根源，来自于缺乏安全感，内心的自卑投射出坚固的自我体验，你的灵魂深处太恐惧了，害怕被人伤害，缺乏温度缺乏爱，缺乏安全感，因此表现出孤独清高傲慢的自己，你要学习的课程，是宽恕并且温暖你自己，让心灵住进爱的温暖接纳中，宽恕自己，你有靠山，光明会呵护你的灵魂。

柔软安宁的心，绝不会狂妄。

让你的心住在爱之中，住在宽恕之中

我，错了吗？

一生之中，我们难免会遭遇到，
很多令人恐怖痛苦，煎熬绝望的事情。
这些事情，发生就发生了，不要自责。

"一切所发生的，一定是能发生的。"

能够发生的，是注定发生的。
"发生"真的是因缘和合的现象。
缺少任何一个条件，缺失任何一个环节，
发生就无法"发生"。

因此，一切发生了的，就是能够发生的。
所以，任何能够发生的，都是注定发生的。

宽恕自己在发生之中，不由自主的"心"吧。
觉得好像是自己的意愿，推动了发生。
因此内疚，恐惧，自责不已。
其实这不是你的过错。

宽恕自己的恐惧，接纳内心的痛苦。
我们无法改变，已经定好了的因果。
如同"生老病死"，是注定要发生的。

无法避免，而渐渐逼近。
我们不能改变前定的因果。
可是，我们可以在因果注定中，
将心灵，自既定因果现象中，释放出来。
我们可以接纳，在因果中迷失的心灵。

宽恕自己内疚自责，恐惧焦虑的"小我"心灵。
我们只是在心灵"小我"，投射出来的电影中生活。

活在"被发生"之中,
受制于注定"发生"的剧情之中。

宽恕自己煎熬的,绝望的,
恐惧的,黑暗,脆弱内心。

这些都是,对"发生"不了解的错觉。

错觉被宽恕了。
升起错觉的心灵,也就在宽恕中安宁了。

心灵在接纳中安宁,自我在宽恕中安详。
外界发生之事,该如何处理就如何处理。

但是,我们的灵魂,
不会随着外界的事情而随波逐流。

你是安全的：
人生只是梦境，勿要自我谴责

让你的心放松，让你的心柔软下来，让你的心越来越能接受自己的错误，越来越能宽恕自己的不足。对自己越来越宽恕，对自己越来越理解，对自己越来越能够善待，你善待自己的一个心呢，就可以善待社会，善待别人。

你的内心里面不要对自己有太多的自责，你的这个人体，你的这个意识，只是你的生命在这个空间当中做的一场梦而已，这个梦迟早会消散的，一定会消散的，你一定会死亡的。所以不要在你活着的时候，对你的人格自我，形成任何的愧疚、内疚，形成任何的自责，这都是梦境，不真实。

我就跟你说这么多,不要为难自己,要对自己,尤其是你,对自己要宽恕。因为可能过去你的父母,可能是不是对你们太指责,要求太高,经常否定你们,所以也就搞得你这个心意内在啊,对自己老是怀疑,老是谴责自己,老是否定自己,这个非常不好。

在我这个地方,你们都应该放开心灵,彻彻底底地活下去,活着。什么叫活着呢?享受——享受你的生命,让你的生命,让你内在的心灵处在一个安宁的……首先第一个,安宁,因为你是安全的,你放心好了,你是安全的,没有任何生命可以伤害到你。

从此之后不要去谴责自己，要去理解自己，宽恕自己，原谅自己，接纳自己，好吧？让心住在安全里面，让心住在温暖里面，让心住在柔软里面，让心住在轻盈和透明的安详里面。

> 宽恕这些根本不存在的错误吧，恢复心灵纯洁与安宁，找到拥抱自己、宽恕自己时的温暖，温暖之中有光。

一切都会过去的，
如何轻装上阵？

还有一个就是你内在，你心识内在隐藏了太多的压抑和忧虑。这种压抑和忧虑可能是你前半生遭遇的很多背叛的事，不幸的事，困难的事，包括一些不符合这个人世间正道的一种挫折，它会在你的心识内在形成一种负面的情绪。

去宽恕它，因为你的生命终究会终结。在你终结的时候，你回头想一想自己前半生这些不顺利的遭遇，背叛的遭遇，被人欺负的遭遇，不合理的这种遭遇，它都会过去的。所以不要带着内在的一些负面情绪去面对未来。让自己的内心，保持在一个纯净的、善意的、光明的状态当中去面对生活。去宽恕过去的自己，去宽恕过去的自己曾经经历过的经验，让心变得更轻松，更柔软。

爱中是没有悲伤的，爱中是没有绝望的。

其实,你真正想要的,
只是不消失的爱与包容

学生:瞎折腾一天,感觉自己过了一天万圣节。
晚上安静下来,才醒悟过来,早上的压抑愤懑的情绪,其实深层的深处,实则是心疼老妈为自己担心哭泣,内疚如此不孝,无法宽恕自己;
却也为自己唯一可以在这里四脚朝天放肆,自由地直抒胸怀的自由也行将远去,感到委屈,无法接纳,无法宽恕。

说到底,还是不能宽恕自己啊。
不过,折腾一天,现在我好像宽恕自己了。

继续做真实的自己,接纳宽恕这个总惹妈妈担心的南某,接纳宽恕长得奇形怪状不合标准的南某。

压抑、愤怒、上房揭瓦想造反的冲动,背后都是不能宽恕的恐惧。我本不是南某,我恐惧啥呢?

老师:每一次当你想要造反,揭竿而起的冲动背后,都是一颗失去爱的灵魂,在通过此类冲突,寻找缺失的安全感。

错认为,激烈、狂暴、愤怒,是代表了力量,其实你的潜意识中最渴望的是,永恒不变,永不离弃的温暖与安宁。

你真正想要的,只是"不离弃的爱,不消失的包容",如果你的灵魂真的感受到深深的浓郁的爱,不变易的爱,你绝不会有性格鲜明的宣泄。

因为当灵魂不再孤单,不再恐惧,不再暗自神伤,当灵魂处于温暖与安宁,当灵魂本身幸福且光明,你是无法体会到外界的丑恶与伤害的,即便你看到了不平的事情,看到了龌龊的现象,你的反应也是温暖平和的,因为,真正的温暖与爱,绝不可能被外界的现象所改变。

慢慢地,你会越来越好。
因为你就在我的温暖中。

头脑需要道理，而心灵只需要爱。
意识，需要心愿动机的推动，才能够思考。
而思考的意识，根本的原因，是解决心灵的
迷惘与焦虑。

有奉献的概念，就不是爱

那么，怎么样才能达到爱呢？宽恕。爱的唯一的表现就是宽恕，爱的表现不是奉献。你们要搞清楚，人家说是"哎呀，我这个人很无私呀，就是我为大家奉献了很多呀，所以说我很有爱啊"，错了，爱是没有分别的。你有奉献的概念，你就不是爱，爱本身是没有奉献的概念的，爱本身是无条件、无偿的接纳。

我给你们举一个很简单的例子，一个母亲生了孩子，她的孩子需要吃奶，每三小时一次，她连觉都睡不成，你觉得她会对自己怀里面的孩子，有奉献的感觉吗？"哎哟，你看，我为了给你喂奶吃，我

连觉都睡不了",她会有这样的感受吗?她喂孩子那个是本能的,她甚至连爱的概念都没有,那个是本能的,因为那是她的生命,你知道吗?她对孩子三个小时喂奶,那是天经地义的事,那是她活着的意义。

她会在喂孩子的过程当中感觉到无限的欣喜、幸福、安宁。她不会对孩子说:"你看我为了喂你吃奶,三个小时就要起来一次,我很痛苦,我为你付出了。"她不会有这样的概念,如果有这样的概念的话,这个母亲,我觉得那个就……她就没有什么资格谈"母亲"这个概念了。

真正的爱就是那种，母亲哺乳婴儿那种状态，是无偿的、无条件的，没有任何付出的感受的，而是在过程当中，体验到无限的幸福和安宁，那个是爱。

真正的爱的存在啊，爱的体验，就是这种，类似于母亲哺乳婴儿这样的感受，完全没有付出感，因为你所做的一切，都是在为你自己而做，这个是爱，爱本身是没有"奉献"的概念的。奉献，这就证明你的潜意识里面还有我和他的区别，你对于这个世界还是有排斥感的。

如果说是你内心里面，真的达到了无我无私，那种生命原始的接纳和温暖状态的时候，你对这个世界是没有任何排斥的。

勇敢面对，
让心住在爱与宽恕中

学生：我现在是学习实践都挺稳定的，但是也不温不火，请老师指导一下学生今后需要特别注意的地方。

老师：你比起我十几年前见到你的时候，内在已经脱胎换骨了，你内在现在已经开始有光明了，你的内在开始有光明了。

你的灵魂一直很孤单，过去一直是处在那种黑暗和那种绝望当中。虽然偶尔能够体验那么一丝光明，但是光明他跟你是相对的，是你在追逐光明。可是当我今天看到你的时候，就是你的内在的那个曾经

孤单的孱弱的灵魂,她已经开始慢慢地成为光明了。光明他不是你用肉眼看到的这种光,而是一种温暖安定的觉受,那是一种清醒清净的觉知,那个才是光。

你的内在,现在需要的只是要更加勇敢地去接纳这个身体她不是你,接纳这个世界,它只是你的梦境。你要勇敢地去接纳这个梦境,不要躲避它,不要逃避它,不要逃避这个社会的矛盾,不要逃避这个人格自我给你的心灵带来的这种无助和恐慌感。要接纳你的心识思虑,告诉你的"我很恐惧,我很孤单,我很脆弱",要接纳她,要温暖她,要拥抱她进入你的安定安宁和温暖的觉受当中去。

要去接纳你人格自我的恐惧感，让人格自我潜在的恐惧感，融入到你光明带来的温暖安宁的清澈当中去。换句话说，你要用生命的爱，爱你自己的人格；用你光明带来的这种温暖，去温暖你的意识。

你要习惯于让自己的觉受，让自己生命内在的觉受取代你的意识，你要习惯于让自己内在的安宁和安全感，取代你的心识的思虑。也就是说，你要放弃你的意识分别，放弃你的内心的这种揣测，直接让你的心去感受生命之光的光明与温暖，让你的心，让你的意识，住在你生命的宽恕与爱之中，这个就是你的道路。

一点一滴的爱，
汇聚成修复生命的光灵。
一点一滴宽恕，
打开了尘封已久的心扉。

04 生命不受责难／勇敢面对，让心住在爱与宽恕中

143

Part 05 探求真相

双缝干涉实验的可怕结论：
宇宙与自我，竟是梦境！

在物理实验中，为何会出现"测不准原理"，为何会出现"波粒二象性"？因为人类所存在的这个物质世界，真的是人类的构成——"心灵与意识"的微细念头，聚合累世因缘投射出来的"幻影"。

> 双缝干涉实验证明，电子是波还是粒子，是观察者决定的。比前者更颠覆的是延迟选择实验，当一个电子以波的状态，通过两个缝隙后，再打开探测器，电子变成了以粒子呈现。也就是说，观察者可以"延迟"电子的决定，让电子实际通过了两个缝隙后，再让电子选择刚才只通过了其中一个缝隙。电子通过两个缝隙，是过去已经发生的事实，观察者却改变了过去，这个实验震惊了整个学术界。

现实世界中的，自然界物质表现，以及人类科技创造的现代生活方式，一切一切的"名相"，都源自于心灵认知体验，与意识思维的结合，所投射出来的"思绪概念"的记忆倒影。

人类的精神领域，可以无限地深入探究。
大脑意识以下，有心灵愿望，
愿望之中，有心灵动机，
动机之内，有心绪妄念，
妄念之中，有前世的记忆川流。

世界的"存在"，与人类精神领域是同步的呈现。
意识概念与心灵体验，呈现出"世界名相"。
心灵愿望，呈现出物质能量的运动。
心灵动机，呈现出微细能量的聚合。
心绪妄念，呈现出能量微观中的"生命性"。
妄念川流，呈现出超越人类时空的，平行世界。

当科技手段，突破了人类意识所投射出来的，物质世界表现状态时，就会呈现出，由心灵动机呈现出来的微细能量聚合形成的宇宙微观能量世界，这个世界中的能量具有，与心愿同步的"分别力"。

我们知道，物质世界的现象，是由人类意识聚合心灵体验，投射出来的"影像"。世界中任何物质名相"影像"形态下面，绝对没有实质存在的、永恒不变的物质名相的实体存在。

换句话说，世界中任何"存在"，
都是心意投射出来的"记忆"倒影。

我们知道，意识思维的形成，是受到心灵愿望推动的。
而心灵愿望，是习气动机聚合而成的，主观意图。
细腻动机与微细习气，形成了心愿，也会左右着心愿。
心愿意图，推动着意识，也能左右思维观念。
观念形成于意识分别，也能左右意识分别。

于是，当科技人员测试"波粒二象性"实验时，在有人观察的情况下，光粒子穿越遮挡物缝隙后，在对面的墙壁上，光粒子就呈现出"粒子形态"的排列条纹；同样的环境下，同样的设备上，做同样的实验，在无人观察的状态中，光粒子穿越遮挡物后，在对面的墙壁上，就形成了"光波形态"的粒子排序状态。

在客观条件不变的情况下，同样的光粒子，却呈现截然不同的两种现象，这种实验结果彻底推翻了，现代科学对"经典物理"的基础理论定义。

于是科学家们，提出了新的宇宙观，即构成宇宙的微观能量，在"量子形态"中的运行规则，与目前建立在"分子结构"科学研究基础之上的科学知识，是完全不同的运行规律：微观世界中宇宙能量存在的形态，是受到观测者"主观意识"所左右后，形成的"被观测"的状态。

换句话说，你所看到的"世界"，
是你想要"看到的"世界，
是你能够"看见的"世界。
当心灵认同了"这具身体"是我们自己，
因身体功能的感知限制，
心灵确立了外界世界的"名相"。

外界世界，以及认知世界的"我"，
都是心灵投射出来的"梦境"。

我们活在"主观梦境"之中。

梦境，就是梦中人；是梦中人，创造了梦境，
有了"活着"的自己，以及"认知"的世界。

因为，意识是由心愿决定的，所以，心愿可以改变意识。
于是，意识投射出去的世界现象，
就会，随着观测者心愿，而发生存在形态的改变。

当人类文明继续进化一亿年后，掌握的宇宙微观的深度，可以突破人类境界的范畴后，高智慧的人种就会惊讶地发现，宇宙最终的真相，是"梦中人"在探索自己的"梦境"。

梦境不需要你去分辨他，梦境只需要你离开他就够了。

眼见为实？其实，
你的眼睛什么都没有看见

人类只相信现实世界，因为现实世界是物质的，可以反复检验，可以反复证明的"客观存在"。

真是这样吗？
现实世界真的如你所说，是可以被检测到的，可以被验证的"客观存在"吗？
你所见的就一定是真实的吗？

光线中有红外线、紫外线、X射线、伽马射线，你的眼睛看得到吗？
空间中有分子、原子、电子、中微子、夸克，你看得到吗？

空气中有次声波、超声波,这些声波振动频率,你听得到吗?

人体中有经络,你触及得到吗?

人类所认为的客观存在,只不过是,受到我们人体功能限制的,"主观"认知。

你眼睛看到的世界,是光线折射投射在视网膜上形成电信号,电信号通过脑神经传输到大脑皮层,经视觉中枢处理分析,形成你所"看见"的图像。

其实你的眼睛,什么都看不见,什么都没有看见。真正"看见"景象的,是你心灵对眼睛摄取光电信号,长久以来形成的信息分别"记忆",你的"看见",是在心中,而不是在眼中。

如果,你的内心,心灵分别思虑,没有对眼睛摄取的信息,形成一层层,一步步的,递进概念储存,即便你的眼睛看到了世界,你的内心分别,依旧告诉你的意识,你的眼睛什么都没有见到。

"见到"，一定有所见到的名相，才会有能见到的"主观"。

或者说，若内心中，能见的"主观"没有形成，眼睛即便在看世界，心中也无法形成，"见到"的世界景象。

你看那刚出生的婴儿，他的眼睛是健康的，可是他看见了"世界"吗？他敢爬向火堆，他敢抓起地上的虫子往嘴巴里塞，他敢从半米高的床上爬出去，他敢抓起裸露的电线……

你能说，他的一系列危险举动，是出于勇敢的心态吗？

因为他心中没有"看见"世界，他的心识通过眼睛，见到的只是光线而已，心灵对于所见光线的无知，促使他的心识，要去判断体验光线折射所代表的内涵，因此，我们看见小孩子总是要用嘴巴去品尝他眼前的一切事物，因为，他对于"世界"的基础认知，就源自于嘴巴对母亲乳房的体验。

头脑中"世界"概念的形成，一定一定建立在，心识体验的感知基础上，孩子对世界最原始的体验，源自于嘴巴对乳汁的品尝，形成了生理上的条件反射，生理上的反射经验形成了，对存在世界的基础感受。

于是，孩子会本能地，以过去积累经验，形成体验感受的方式，去进一步认知，未知的名相物质，于是，我们就看到了，孩子会将一切他可以拿在手里的物品放进嘴巴中，以曾经体验乳汁的经验，去评判下一个未知的事物。

我们成年人看到的世界，与婴儿看到的世界没有本质不同，都是心识曾经经验，对眼前所见光线的反复对比，以及心灵经验的重复回放，形成了体验沉淀的自我人格。

我们一定是，以"已知"的经验概念，去衡定"未知"的事物名相，而不论是已知名相，还是未知的世界，都是我们心识深处，灵魂深处的"见精"在探索肉身眼睛的光线变化。

换个角度说，我们眼前所看见的世界，是我们"想要"看见的世界，是我们"能够"看到的世界。

世界名相是由能量聚合而成的，而能量体现，是由更微观的能量微粒聚合形成的，在构成宇宙万物的，微观能量微粒层面深入到"夸克"这个细腻的能量层级时，夸克微粒，在五十万分之一秒内，就会生灭一次，也就是说，我们生活着的这个空间，生存着的这个地球，我们眼睛所见、身体所触、耳朵所听、意识理解到的一切，都处于刹那生灭的状态。

我们认为的"客观物质现实"根本就不存在。
存在的，只是人类，对于"存在的心意认知"。

量子力学，为人类揭开了物质与精神之间，相互关联的真相。

宇宙中能量的存在形态，会受到，观察能量者的观测，而表现出不同的物质状态。

让你的心住在爱之中，住在宽恕之中

我们并非是活在现实世界中。
我们只活在自己的想象之中。
我们与这个世界的关系，
并非是物质与需求的关系。
我们与现实生活之间，
只是宽恕与救赎的关系。

05
探求真相
眼见为实？其实，你的眼睛什么都没有看见

换句话说，宇宙世界，身体自我，皆源自于众生心识的"观测"，我们所见所想、所闻所触的一切"客观"，皆是心识体验的"投射"影像。

我们活在心灵的梦境之中。

就好像你此刻，内心陷入思虑深处，苦思冥想一个极其重要的事情，心识思虑暂时与现实世界脱节了，肉身眼耳鼻舌身意的活动，此刻，无法渗入你的心灵思虑之中，那么，此刻即便你的眼睛在看，耳朵在听，思维相续，身体在触，你的内心"见精"却对所见、所听、所想、所触的世界，视而不见，充耳不闻，一无所知。

你难道不承认，现实客观世界，是由心识主观记忆，所投射而成的影像吗？

既然，客观现实物质世界，是心识记忆分别，在心灵见精中，投射出的认知观念与体验感知的聚合，是心灵体验与认知观念，投射在我们的内心"见精"中，形成了具体的、鲜活的、系统的、立体的物质世界。

那么，既然心灵记忆，可以投射出人间现实世界；同理，投射出人间的心识，依旧可以投射出其他的世界。

这些心识投射出的世界，随着附着在心识分别中，细腻尘垢的不同元素，而折射"见精"，投射在我们心灵体验感知中，不同的境界世界。

被遗忘的万古秘密：
你不是这具身体

思量，一定要攀缘对境，才能凝聚为心。
灵魂，一定要适应身体，才能形成人格。

"心灵"，就是我们所说的，内心的认知与体验；自我人格认知，是心识认知体验的凝固化，心识为何会凝固成"自我"，是因为心识攀缘了肉体六根，心灵见性，将肉身感官当作了自己，就同时被肉体感官功能所局限。

被肉身功能所限制的心灵见性，受到肉身器官的局限，形成心识思量，思量心，一定有，所思量的对境，这个对境，基础的缘起因素，就是这具身体。

于是，我们就感受到一种现象：我们人类所认为的"自我"，一定是，源自于心灵认知，对肉体成长过程的，"体验记忆"。

心灵，对身体成长阶段的感受与体验记忆，形成了，我们意识头脑中，"自我"性格、"自我"感受、"自我"体验、"自我"认知的基础。

换句话说，我们认定的自我，是建立于对这具身体"状态"的认知与记忆之上。

当心灵中，思量心细腻的分别，取舍了身体功能，形成了思量心对身体的熟悉状态，这个状态就是灵魂对躯体的适应期，你们看看新生儿，在出生三个月内，他的心识思量，就在不断地熟悉他肉体的各个功能，伸伸胳膊，蹬蹬腿，睁开眼睛四处张望，你去仔细观察他的眼睛，此时的他，睁着眼睛四处看，并没有真正看到什么事物，仅仅是，他的心识思量，在熟悉身体眼睛这个器官，熟悉"看"这个功能。

当思量心，熟悉了，肉体器官功能后，思量心对身体功能的记忆，形成了，器官功能与思量心的互动，于是，这个婴儿的，基础性格就开始展现出来了。

他喜欢阳光，不喜欢黑暗；他喜欢妈妈抱，不喜欢爸爸抱；他喜欢吃妈妈奶，不喜欢喝牛奶；他喜欢凉快，不喜欢太热……

婴儿表现出来的"性格"，一定是，通过身体表达而表现的，或者说，由于有了身体的局限，才促使心灵思量，有了"适应"身体功能而呈现出来的

"体验反应",当,思量心对于肉体器官的反应体验,凝聚成固定的状态,形成了特有的"境界",这个孩子的性格特质,秉性天赋,就体现出来了。

有的孩子天生喜欢吃肉,有的孩子天生拒绝吃肉;有的孩子喜欢粉色,有的孩子喜欢蓝色;有的孩子喜欢吃酸,有的孩子喜欢吃甜……

这种以"生理性"的特质,所表现出来的,心理上的差异性,随着这具身体的成长,逐渐壮大成熟,丰富完善为"独立人格"。

我们所说的"自我",就是,心灵思量对肉体感官的取舍记忆,"自我"一词,指的就是这具身体,以及,认识身体的"思量"记忆。

于是,当这具身体出生后,我们就认为,是这个人"出生"了;当这具身体分解后,我们就认为,这个人"死去"了。

我们要遗忘的是，对于这个世界念念不忘的自己。

今天，我们来揭开这个万古的秘密：你并不是这具身体。

我们知道：人间的自我，指的就是这具身体，这具身体代表着"生命"，这具身体代表着独立的"自我"，因为有"我"，才会有了，与自我相对的"他人"以及"世界"。

如果，对这具身体的认知记忆就是我们自己，那么，遗忘了对身体认知记忆的人，就应该，不再是"这个人"，是这样吧？

你看，
同一具身体，心灵思量认识身体，形成了基础性格，进而形成人格自我；如果，思量心遗忘了，对身体的认知记忆，那么，人格自我建立的基础，就不复存在了。

人格自我失去了，思量心对身体的记忆，就等同于，失去了自我性格形成的基础与过程；人格自我，就会处在"空白"的状态，这就是"失忆症"患者的精神状态。

失忆症患者，彻底想不起来自己是谁，心灵思量彻底遗忘了，对这具身体的所有感受记忆；换个角度说，这具身体内，曾经的那个"人格"消失了。

人格消失了，身体并没有死亡啊！

失忆症患者，内在的"人格"消失后，他的身体功能依旧健全啊。

失忆症患者，虽然人格记忆，自我体验消失了，可是，他的身体依旧"能看、能听、能尝、能想、能闻、能触"啊。

肉体身心，并没有随着人格的"消失"，而丧失了功能啊。

这就说明，人格与身体，是两个东西。

人格随着身体成长而成熟，却可以脱离身体，而不被生理功能局限。

这是其一：身体，可以在，失去人格主观意志的状态下，继续存在。

其次，如果这具身体，就是你"自己"，

那么，你的身体就代表你"全部的"生命，是这样吧？没有疑问吧？！

请问，如果你的胳膊断了，腿骨折了，做了心脏移植手术，做了大脑修复手术；换了心肝脾肺肾，你的"生命"还是否健全？你的人格自我体验，有没有，因为手术摘除器官，从而缺失了"主观意志"的某部分生命？

你的人格自我体验，有没有，因为你，肉身器官的损失，
而同时损失自我认知的完整性？
如果没有，就证明你的自我人格，与这具身体确实无关！

你仔细想，你认真想。
你睁开眼睛看到了光线，你认为，是你的眼睛看到的。
你闭上眼睛，看到了"黑暗"，眼睛此刻是闭着的，是谁"看到"了黑暗？

你内心，通过眼睛看到光线的"见"，与你闭上眼睛，看见黑暗的"见"，是同一个"见"，这个"见"的清澈明晰，明了明晓，与你是否睁着眼睛没有丝毫关系。

这就证明了，你真正的自己，与这具身体毫无关系；你真正的自己，绝不是这具身体，也不是，基于认知身体，而形成的人格自我记忆。

在这具身体功能状态，与，认知身体思量心的背后，更深的空间中，有一个，明明了了、清澈明晰的"觉知"在；你能觉知到，自己此刻情绪浮躁；你能觉知到，此刻意识在散乱；你能觉知到，此刻身体在疼痛；你能觉知到，闭着眼睛时，内心深处的体验有恐惧。

你的觉知，不受你的身体功能牵动；不受你的意识思维沾染；不被你的情绪感受蒙蔽；不被你的思量体验沾染；就证明了——内心的明晰见性，与身体无关，与意识无关，与自我感受无关，与情感体验无关，与认知记忆无关，甚至于，与心灵思量无关。

换句话说：这具身体的出生、成长、壮大、衰老、死亡，与心灵见性中，清澈的觉察无关；那么，见性明澈的觉察，就与生死无关，就与建立在认知身体而形成的"自我人格"无关。

那么，人间这具身体，以及，随着身体成长的"自我"，无论是活着的状态，或者是"死去"的状态，都无法触及，无法改变，心灵见性明晓的清澈，清澈不会随着身心意识的改变而改变。

灵魂的未来,何去何从?

人生很短的,无论你是帝王将相,或是平民百姓,寿命不会因为你的身份地位,而额外有所增长,贵族般奢华的保健商品,只能医疗你的身体,无法治愈你的生命,身体必定会死亡,死亡将会是你一生梦想的终结,临死前你的一生还能留下什么?死亡后这具身体不再是你,今生经历的一切究竟有何意义?

人生苦短,可是灵魂却是永恒循环往复的。
去为你的灵魂考虑将来吧,不要因为这具暂时的肉体,断送了灵魂的未来。

你还不相信,这个世界是一场梦境吗?
梦境的特质是什么?是留不住啊。

你还不相信,现实生活的自己,并非生命原始的自己?
虚假的特质是什么?是刹那间变易,是变易中本无实体。

宽恕过往，用光明的心面对未来

人类的幸福快乐，一定建立于身心意识基础之上。
或者是意识理解中，概念对比引起的体验快乐。
或者是欲望习气获得满足后，生理上获得快乐。
或者是情感体验满足后，心理层面获得的快乐。
或者是经交流、看书、旅游、运动，获得精神上的快乐。

人类可以获得，建立于身心基础上，几乎所有的幸福感受，快乐体验，以及精神娱乐。唯一遗憾的是，无论经验到任何幸福觉受，快乐体验，以及精神愉悦，这些体验感受都无法长久持续，都是短暂而快速消失的，因此人们为了获得快感的延续，而

不懈努力,延展出更深入、更精妙的,为人类生理与心理服务的工具。

无论外界的条件如何尽善尽美,人类永远无法体验到灵魂本身的快乐,这是完全不相关的两个世界,人间的物质条件与精神因素,无法触及到"灵魂世界",而"灵魂"也无法从现实物质世界中,找到自己想要的东西。

其实,想要让"灵魂"获得快乐,只需确立一个观念就可以办到。

那就是"你不是这具身体，也不是认知身体的自己"。

只要你的内心，不断地去观察这个事实，不断地深入体察这个事实，不断地思维理解这个事实，"灵魂"就会从身心意识的自我认知中，脱离认知的外衣，从活着的梦境中"苏醒"纯光明的生命。纯光明的本质就是无私的爱，特质就是幸福快乐，性质就是平安永恒。

当你品尝到"纯光明"的快乐时，人间的一切幸福快乐，都变成了黑暗粗糙、肮脏愚昧、低能混浊的垃圾。

你是轻盈的光明,你不是这具身体。
你是纯洁的清澈,你不是自我意识。

让真实的自己，
从心灵影院中醒来

宽恕你眼前的世界。
宽恕世界中的自己。

今生遭遇的命运，不过是，前世梦境的延续。
在前世今生的梦境之中，并没有一个真实的"你"。

宽恕内心的恐惧。
让心灵在宽恕中，安然熄灭。

那个坐在心灵"影院"中，
看前世今生命运世界的"灵"，
就在恍如梦境中，如梦初醒。

宽恕这"现实"梦境。
当下，原未曾发生。

05 探求真相　让真实的自己，从心灵影院中醒来

病，难道是潜意识定义出来的？

有一天半夜，大概两三点的时候，我被冻醒来了。我盖着很厚的被子在那睡觉，然后我浑身打冷颤，就牙"嗒嗒嗒嗒嗒嗒嗒"打冷战，把我给冻醒来了。最后，我想起床穿衣服，我的身体都没有办法控制，你知道吧？就哆嗦得很厉害，我那个衣服就穿不上，就冷到那种程度了。

当时家里面，我是开着空调的，而且我盖着很厚的被子，不应该出现这种情况。当时我就知道，可能感冒了，然后我也没有在意——他冷了一会儿之后就好了嘛，我也就没有在意。紧接着，剩下来这几天呢，就是一种感冒的症状，流鼻涕呀，然后身体有点酸困啊。

后来呢，就说是，这两天身体虽然还是有疲倦，但是我的内心里面呀，就压根不认为自己生病了。因为我确实没有病，他只是我身体上的一种状态而已，但是我真的没有病，我不可能有病，你知道吗？因为病，他是一种定义，而我本身的生命是不可能被人……

你们就是这具身体，凡夫俗子，人间的人，就是这具身体，我不是这具身体。我活在这具身体之内，我活在这具身体的心识、意识之内，我是借助这具身体在人世间表现，但是我超越了这具身体的形象，也超越了心识自我和意识思维相续的范畴。

所以说，我平常的这个自己呀，是活在那个思量心的背后，以一种光明、轻盈、温暖和安宁的，一种清澈的感应力，在人世间存在的。所以说，我是不会生病，我也不可能生病的，有病的这个状态，他是这具身体的状态，但是和我没关系的。

然后就这样过了几天，觉得很正常。后来他不是就没有味觉了嘛，大概在三四天之后，我就没有味觉了。没有味觉了，没有嗅觉了，我觉得不对了，为什么呢？因为正常感冒不会没有味觉，也不会没有嗅觉，他就是那个鼻子堵了嘛，我抽烟的时候可能味道淡一点而已，但是现在我抽烟是完全没有味道的，就跟抽空气一样；我吃辣的呀，我吃辣椒啊，味如嚼蜡，你知道吧，我吃辣椒跟吃任何东西都没有味觉，也没有嗅觉。我觉得这有意思了，这好像是我生平第一次，失去了味觉和嗅觉，不是失去了一部分，是百分之百失去了。

好了，这种状态过了几天吧，然后有一天，我这实在是闲得没事了，我突然想起来，我家地下室好像还有一个试纸盒——专门检验新冠的试纸盒，放了好久了，没用，再不用的话，新冠就过去了。你知道我这个人是个很节俭的人，你放着浪费了，扔掉了之后，也挺可惜的，我检测一下，看看我是不是新冠。

然后我就——虽然我看不懂英文，但是它上面有图案的标示嘛——我就一步一步地，在鼻子里面用棉签沾一下，然后放它那个水里面，转一转，然后把那个水倒在那个试纸条上，一看：哇塞！它真的变成两条线儿了。当时我就有一种中了彩票的感觉，你知道吧？我当时很开心的，我也"阳"了，这是一件多么荣幸的事情！哈哈哈。

然后呢，这个就是个玩笑，对于我来说，那个就是个玩笑。结果，奇怪的事情发生了。当天晚上，一下子，病情加重了，瞬间加重。平常，前面这一周，哪怕我没有味觉一周，我的身体依旧很轻松，就是我走路不沾地的。我走路，你们看我的脚在地板上走，我的身体是离开地板的，走路是不沾地的，身体没有重量的。哪怕我生病了，我失去味觉，失去嗅觉了，我的身体没有重量的。

检测完了，确定我"阳"了，然后晚上直接病情加重，第二天早上，我根本就爬不起来了。身体那个酸困、沉重的程度，比我测量之前，瞬间加深了10倍到15倍，就说我爬起来都费事了。这我就奇怪了！为什么？昨天还好好的，就前面这段时间好好的着呢，从我那天晚上冷得打哆嗦，然后到我失去味觉这十天之内，我都好好的着呢，任何反应都没有。为什么，为什么这一下子，我的病情就加重了10倍、15倍？爬都爬不起来了。

我能看到人那个灵魂，构成灵魂的那些因素——我的潜意识的习气和细念，他们在想什么，我这才找到了一个人死亡的原因。所以今天这堂课是未来，那些患了癌症，患了绝症人的福泽。

我告诉你们，就是因为我确定了，我给自己的状态，身体的状态"定义"了——"我是得新冠了""我阳了"，这个叫定义，你知道吗？就像是医院给你定义，"你是癌症晚期"。一旦定义了之后我身上那些潜在的习气和细念，他们就会瞬间被这个定义，激发起来了他们对这个定义的记忆，你知道吗？

"阳了"，就意味着生病，生病就意味着你的身体的这个机能会损坏，生病就意味着你的业障要聚集，生病就意味着你的身体要出现跟生病相对应的状态！瞬间，我的身体就爬不起来了。这个不受我主观意愿为转移的，这个是我的潜意识——也就是说，没有被我净化完的，那些思量心当中的习气和细念，他们都是生命，他们都有记忆，他们都有生命的记忆，对于病的记忆，对于生的记忆，对于死的记忆。

所以说，然后我又经过了一天多的时间啊，然后我又听音频，将我的心识的注意力，放在音频当中去。

我听了一天音频，那种安宁的体验当中呢，把得了新冠这个事情引起来的体验给取代了，然后身体瞬间又恢复正常了，没有重量。我今天，你看，我还是没有嗅觉，你们都能听出来，我这口鼻里面好像有点不清楚啊，有点伤风感冒的那种状态，我没恢复呢，我现在还在"新冠"着呢，但是我现在身体没有重量。

让你的心住在爱之中，住在宽恕之中

你不要当自己是有病的人，你只是身体出了个状态，正常地面对这种状态，就像是你感冒了一样，该治治，该休息休息，但是不要当回事。

05 探求真相　病，难道是潜意识定义出来的？

此时此刻，我的身体里面是一片光明的，没有酸痛感，没有那种滞涩感，没有那种得病了之后的寒冷感，更没有身体的那种沉重感，没有，就跟没患病一样。虽然我的生命表象有痰，有鼻涕，还会出汗，但是我的身体内在的感知，是一片光明，纯洁无瑕，没有重量的。

好了，今天我就给你们讲的，就是这个最关键的一点：你的病，是你的潜意识"定义"出来的。真的，如果我今天不患这个新冠，我不知道这件事情的。我患了这个新冠了之后，从我检测出来自己是新冠，然后经历了24小时，真正新冠病人趴在床上爬不起来那种痛苦的，身心酸困的、呼吸困难的状态；然后直到我把这种定义忘掉了之后，身体又瞬间恢复了那种没有重量的，内在光明普照的这种轻盈的感觉。我只是在我的心灵深处，用听音频的那种安宁，取代了被新冠概念定义后的，那种沉重的感受，仅仅是把这个"定义"给取掉了，一切症状就同时取掉了。

我就突然间想起件事情来了。那是在我，多大年龄？中国过去有一本杂志，叫《读者文摘》，你们都看过，因为你们年龄都跟我差不多。《读者文摘》当时是国内的几本大杂志其中之一嘛，当时我记得有《良友》《知音》《读者文摘》，就这么几本大的。《读者文摘》上面登了一个故事，我看这本书的时候，我大概十四岁，那是八几年的事情了。

有一个美国的医学博士，他后来到非洲啊，去探索，探险。他本身是医学博士出身，后来他改变他的职业，成为一个记者了，他作为一个记者的身份，到非洲的草原部落里面去探险，去了解那个部落的风俗。他跟那个部落的那些人生活在一起，在非洲。大概他整个过程经历了三年时间吧，他积累了大量的笔记。他回美国之后呢，出版了一本书，其中有一段故事，是他自己亲身经历的。

他跟随部落的这些人啊，穿越那个非洲草原的时候，他部落里面有一个男性——成年男性，在追逐猎物的时候摔倒了，可能是被什么石头啊，木头桩子给绊倒了。腿呢，他那个小腿骨，碰到了一块岩石，直接就开裂了，就腿一下断开了，那个骨头尖子呀——骨头茬就穿破他的皮肤，露出来了。你们可以想象，就骨折了嘛，骨折了之后，那个骨头，穿过他的皮肤，直接从小腿中间就穿出来了。

然后他们部落随行的，有一个部落的巫师，然后就给当事人，就给骨折那个男性去包扎。用了一些他们在附近找的草药，用了一些他们部落里面女性，就刚来月经的女性的那个月经，混合在一起，然后用一种他们所说的那种蘸了油膏的绷带啊，把那个腿包扎起来了。然后呢，那个巫师就坐在那个病人的旁边，然后用手抚摸着他的头，他的额头，给他念经，给他祈祷。

然后书上记载的是，具体的时间我忘了，是三天时间，还是一周，不会超过一周时间的，等这个记者再次看到这个人的时候，看到骨折这个人的时候，这个人已经健步如飞了，就满地跑了。他腿上呢，完全看不出来有骨折的痕迹。

他很惊讶，他说，这个绝无可能的事。你知道，绝对没可能的事情，在西方医学上来说，绝对没可能的事，为什么呢？伤筋动骨一百天啊，得三个月。我们知道人的伤口愈合呀，就说是破坏了之后，流血了，愈合72小时，就三天时间，不要说骨头了呢。

你愈合了之后还应该有疤吧，他说，他在看那个人的腿的时候，他能看到表面上有曾经破过的痕迹，但是那个就好像不可能是那种重创，他就是表面上有一些被愈合了的痕迹，仅此而已。确定是这个人，确定他受了伤，确定他是骨折，确定骨头穿过皮肤出来了，但是确定他现在完好如初了，就是用了三天，还是一周。

然后他就非常非常地震惊，他就去问这个巫师，他说：这是怎么回事？那个巫师就笑着给他说：这个人的骨头啊，骨折了，那是因为他的肌肉细胞啊，他的骨头的细胞啊，受到惊吓了。他忘了他原本的那种生命的状态，他表现出来惊恐的样子，就是骨折。我所做的事情呢，只是让他的细胞回忆起来，他原有的那种安宁的状态，他不再保有这种惊讶的状态，那么他的肌体就康复了。

这个事情对于我的震动特别大，你知道吗？我为什么到今天，我还经常会想起来这件事情呢，因为他说的是事实啊,他说的是真相。你们知道,因为我这边生活了十几年了,因为工作的原因啊,我身边接触的百分之九十都是科学家,都是各个大学的教授,这些教授呢,都不是那种教课的教授,都是那种有自己实验室的科学家,就是tenure,终身制教授。

他们有很多人,大概我认识有七八个人,他们都是跟药厂合作的,他们都是跟大药厂合作。他们告诉我,他们给我提供了一组数据,就是我问他们,他们研究出来的新药,对人的治愈率到底有多大的用处。因为都是非常熟悉的朋友嘛,他们也不瞒着我。

他说,对药物的监管非常严格,就从你临床研究,然后到用到病人身上啊,每一期他要经过多少年的检验。其中有一个双盲试验,就说是:我生产出来这个药,比如说可以治新冠啊,然后分为几组人,其中一组,这10个人里面,5个人是用我的新药,5个人呢,是用的安慰剂,就是面粉做成的药,里面什么药的成分都没有,然后说,这是特效药,你吃。安慰剂治好的病人,跟我药治好的病人,基本上是一样的。

与疾病和平共处，以温暖安宁的爱心，去拥抱自己的疾病，曾经做错的心识选择，在你今天的爱与宽恕中，得到了重新修复灵魂的机会。灵魂康复了，肌体就会痊愈。

你们都想象不到，不可思议吧？安慰剂——完全没有任何药效的那种用面粉制成的药丸，可以把新冠治愈了——我就跟你举个例子啊。这种例子称为双盲试验，这种安慰剂治好人的例子，在所有的药检里面，占20%。就10个人里面，可能有5个人是被真正的药治好的，还有两个是自愈的，这两个是被安慰剂"治好"的。

安慰剂是没有客观上的任何的药物成分，它为什么能治好病呢？因为吃药的人给自己"定义"了，我定义了，"这个药是能够治好我的病的"，明白吗？这个就像是我定义了，"我患了新冠"，然后瞬间我的潜意识，就将对于应该符合新冠的状态，他们就全部就给我兑出来了；如果我不定义，他们没有理由给我兑上一堆的状态，你知道吗？

我跟你们讲的是什么意思呢？安慰剂都能够治好一般的普通的病人，那么更何况跟我践行的这些人呢。未来的人啊，我的学生也好，还是听到我今天讲这堂课的人也好，无论医院给你定了什么样的"罪名"，我告诉你啊，医院真的治不了你的。

我身边的这些科学家，哪一个不是哈佛、耶鲁出来的博士啊？哪一个都是，任何一个都是啊，最差最差也是普林斯顿出来的呀。他们所有人谈到在临终的时候，都是不进行抢救的，他们都是签了字的，绝对不进行，不到西医去抢救，不插管子。因为他们就是从里面出来的，你们插的管子都是人家研究出来，他们知道能干什么。不要过度治疗，千万不要过度治疗。

医院定了你的绝症了——你是肺癌晚期、胃癌晚期、肾癌晚期、胰腺癌晚期、黑色素瘤晚期，都是绝症，治不了，这是医院给你的定义。但是如果你要学我的课，你是我学生的话，忘掉这种定义！你只能选一个。

我鼓励你去治疗，积极配合治疗，但是你要在心底里面把这个定义忘掉，为什么呢？那个医院给你的定义，他不是生命本相给你的定义。本相给你的定义就是，你的生命不可能有病！有病的是你的身体，而且那个身体的病，他只是一种状态，而是凡状态，他就存在着一个改变的过程。

联系我们

WhatsApp

LINE

WeChat

让你的心住在爱之中，住在宽恕之中

作　　者	东方圣光

出　　版	德福出版社（De Fu Publishing）
电话：	0061424718866
电邮：	info@defupublishing.com
网址：	www.defupublishing.com

设　　计	商鼎数位出版有限公司
电话：	886-2-2228-9070
官网：	https://www.scbooks.com.tw/#/index
客服信箱：	scbkservice@gmail.com

出版日期　　2025年9月
图书分类　　心理励志
简体版平装书国际书号 (ISBN): 978-1-923572-02-7
简体版电子书 EPUB 格式国际书号 (ISBN): 978-1-923572-03-4
定　　价　　28.88澳币

Printed and Published in Australia
版权所有・侵害必究

如发现本书有钉装错漏问题，请携同书刊亲临本公司服务部更换。

www.ingramcontent.com/pod-product-compliance
Lightning Source LLC
Chambersburg PA
CBHW041227070526
44584CB00001B/128